Isabelle de Roux
Karine Segard

La psychogénéalogie

Troisième tirage 2012

EYROLLES

Éditions Eyrolles
61, Bd Saint-Germain
75240 Paris Cedex 05
www.editions-eyrolles.com

Mise en pages : Istria

Cet ouvrage a fait l'objet d'un reconditionnement à l'occasion de son troisième tirage (nouvelle couverture et nouvelle maquette intérieure). Le texte reste inchangé par rapport au tirage précédent.

ISBN : 978-2-212-55408-3

Un grand merci

à nos ancêtres qui nous ont engagées sur la voie du transgénérationnel, à nos maris qui nous accompagnent sur ce chemin, riches de leur propre histoire familiale,

et à nos enfants qui, forts de ce double héritage, auront à inventer des voies nouvelles.

Merci à l'Université de Paris VIII qui nous a permis de nous rencontrer et de croiser nos travaux de recherche.

Merci à Sigrid Charrière pour son enseignement généreux.

Merci, enfin, à Béatrice Copper-Royer pour son soutien inconditionnel.

« En chacun de nous, suivant des proportions variables, il y a de l'homme d'hier... »

Émile Durkheim

Sommaire

Avant-propos

Ces derniers temps, la psychogénéalogie est à la mode. Tout est dit, rien n'est dit, de plus en plus d'ouvrages y sont consacrés mais quelques-uns, malheureusement, dénaturent et utilisent cette approche pour asseoir un discours résolument déterministe. Pourtant, les domaines reconnus de la médecine, de la psychologie et de la sociologie qui consacrent de nombreux travaux de recherche au domaine du transgénérationnel, toujours étayés par l'observation clinique, démontrent la liberté dont chaque individu dispose, et ce, quel que soit le poids de son histoire familiale. S'il est vrai que nous naissons tous avec un certain bagage, et que ce bagage pèse plus ou moins lourd selon les individus, il dépend de chacun d'entre nous de l'alourdir encore davantage ou de nous en délester. Si, pour certains, l'héritage familial représente une véritable entrave, d'autres le revendiquent avec fierté, et d'autres encore préfèrent s'en affranchir et gagnent ainsi leur liberté.

Ce livre a pour but d'exposer les différents courants qui abordent le champ générationnel* et d'en faire une synthèse originale à la portée de tous ceux qui s'intéressent à ce domaine, qu'ils soient simples lecteurs, étudiants ou professionnels. La première partie présente les concepts-clés de la psychogénéalogie – approche psychologique de l'histoire familiale sur plusieurs générations –, à travers différents auteurs, tous pionniers dans leur spécialité. La seconde partie illustre la mise en pratique de ces concepts avec des exemples concrets et propose de nouveaux axes de travail pour aborder les diverses problématiques rencontrées en thérapie.

Les termes suivis d'un astérisque sont définis dans le glossaire en fin d'ouvrage.

Introduction

Chacun d'entre nous a tendance à considérer que son histoire a commencé à l'instant où il a pris conscience de son existence. Ce serait oublier que la succession des générations qui nous ont précédés a laissé sur nous une empreinte non négligeable dont nous ne pouvons faire l'impasse, car celle-ci est toujours porteuse d'enjeux affectifs, culturels, idéologiques, sociaux et économiques.

En fait, plus nous rejetons l'idée selon laquelle nous serions le produit d'une histoire familiale, plus nous nous condamnons à en rester prisonniers. Un travail sur soi s'avère d'ailleurs souvent nécessaire pour démêler ces nombreuses déterminations dues à notre passé familial, nous en affranchir, et devenir ainsi plus libres de nos choix et de nos actes. S'il est vrai que notre passé – notre histoire familiale – reste vivant et toujours présent en chacun de nous, nous avons néanmoins la possibilité de le revisiter et de nous le réapproprier autrement. Le présent peut transformer le passé et, si nous changeons notre rapport à ce dernier, nous avons la possibilité de vivre notre présent autrement : nous devenons alors le sujet d'une histoire dont nous sommes également le produit.

Notre livre s'inscrit dans le champ du transgénérationnel qui prend en compte l'histoire des générations. Cette tendance investit actuellement de nombreux domaines : la médecine, la psychiatrie*, la psychologie*, la psychanalyse*, la sociologie et même le monde de l'entreprise. En pratique, l'approche transgénérationnelle est de plus en plus intégrée au travail thérapeutique, qu'il concerne la famille, le couple, l'individu ou le groupe. Elle est également utilisée en développement personnel.

Les appellations multiples de ces pratiques brouillent les pistes : on parle de « démarche psychogénéalogique » ou d' « analyse transgénérationnelle », d' « histoires de vie » ou de « récits de vie », d' « histoires familiales » ou de « romans familiaux ». Nous avons retenu pour notre livre le terme de « psychogénéalogie » car il nous apparaît le plus évocateur dans le langage courant. Attention cependant aux raccourcis que ce choix linguistique pourrait induire : il ne s'agit nullement de généalogie mais d'une approche psychologique de notre histoire familiale sur plusieurs générations.

Historiquement, Freud avait déjà suggéré la possibilité de « traces mnésiques » laissées par les générations antérieures. Dans Totem et Tabou, il évoque l'existence d'une « âme collective » ainsi que la possibilité de la transmission d'un sentiment « se rattachant à une faute dont les hommes n'ont plus conscience ». Mais il n'approfondit pas davantage le champ du transgénérationnel* : selon Serge Tisseron, Freud était issu d'une famille à secrets qu'il ne s'est pas autorisé à explorer, limitant ainsi ses recherches à l'inconscient individuel et à ses mécanismes. Jung, quant à lui, parle d'un « inconscient collectif » en référence à des archétypes universels, inconscient inné qui existerait en dehors de toute expérience de refoulement et se transmettrait de génération en génération.

À partir des années 50, de nombreux travaux ont révélé l'influence de l'entourage familial sur le développement du jeune enfant. Psychiatres, psychologues et psychanalystes s'attachent alors à identifier les divers mécanismes conscients et inconscients de cette influence.

Aux États-Unis, l'école systémique* de Palo Alto a complété cette approche avec l'étude du rôle de la famille et de ses structures dans le développement de l'individu. Moreno parle même de « co-inconscient familial » pour évoquer une communication d'inconscient à inconscient au sein de la famille.

Dans les années 70, Ivan Boszormenyi-Nagy élabore différents concepts pour rendre compte des déséquilibres qui se transmettent au fil des générations ; il parle de « loyauté familiale invisible », de « conflits de loyautés », et ancre ainsi un véritable discours transgénérationnel.

En France, Françoise Dolto a suggéré que les enfants héritent des troubles non résolus de leurs parents ainsi que de leurs dettes inconscientes à l'égard des générations précédentes. Parallèlement, les thérapies familiales* se sont développées en s'appuyant sur les modèles systémiques américains ; elles mettent l'accent sur le milieu familial pour mieux appréhender la maladie d'un ou plusieurs de ses membres et s'appuient sur ce contexte familial pour amorcer la guérison. Actuellement, de nombreux auteurs comme Anne Ancelin Schützenberger, Nicolas Abraham, Maria Torok, Serge Tisseron ou Robert Neuburger ont élargi des approches thérapeutiques très diverses à une sensibilité nouvelle et commune : l'approche transgénérationnelle.

Dans la pratique psychogénéalogique, se remémorer et raconter son histoire familiale revient à évoquer sa propre histoire, un passé qui vit en nous et par nous. Il ne s'agit aucunement d'un héritage passif puisqu'il a nécessité de notre part une appropriation active qui perdure. L'histoire familiale n'a pas une explication rationnelle unique, chacun des membres d'une même famille peut l'interpréter d'une façon différente. D'où la coexistence, au sein d'une fratrie, d'histoires très diverses, parfois contradictoires. La nôtre est un des points de vue possibles, point de vue qui évolue avec nous tout au long de notre existence.

Dans cette perspective, l'analyse transgénérationnelle* consiste à dégager la dynamique relationnelle qui existe entre les différents membres de la famille. Pour ce faire, elle s'appuie sur une représentation graphique du groupe familial établie sur plusieurs générations. Un tel support permet de visualiser les liens complexes, les coalitions, les alliances, les ruptures, les deuils, les non-dits, les secrets, etc., pour dégager l'identité du patient et lui permettre de prendre plus librement sa place. Ce travail peut être mené avec un ou plusieurs membres de la famille, individuellement ou en groupe.

Première partie

De la théorie…

Dans cette partie ont été retenus les auteurs les plus représentatifs des différents courants de recherche abordant le domaine du transgénérationnel. Tous appuient leurs travaux sur l'expérience clinique et dégagent des concepts-clés qui, ensemble, constituent une armature théorique solide pour le champ de la psychogénéalogie.

Anne Ancelin Schützenberger, grâce à l'utilisation du génosociogramme*, démontre la réalité du syndrome d'anniversaire. Le travail de Serge Tisseron met l'accent sur les effets du secret et de la honte. Nicolas Abraham et Maria Torok abordent le travail des expériences traumatisantes dans l'inconscient. Ivan Boszormenyi-Nagy met en évidence le jeu des loyautés générationnelles. Vincent de Gaulejac intègre les facteurs sociologiques dans les trajectoires familiales. Quant à Robert Neuburger, il repère l'impact des croyances et des mythes familiaux à travers les générations.

Chapitre 1

Anne Ancelin Schützenberger

le génosociogramme et le syndrome d'anniversaire

Anne Ancelin Schützenberger, professeur et chercheur en psychologie sociale*, a été l'une des toutes premières à s'intéresser au courant transgénérationnel. Ses travaux de recherche sur le cancer font référence dans le milieu scientifique et ont permis l'établissement du « syndrome d'anniversaire ». Influencée par sa formation analytique, elle avance que « ce qui est tu par les mots s'imprime, se répète et s'exprime par les maux ».

Le génosociogramme

Pour cette psychosociologue qui a travaillé avec Jacob Levi Moreno, l'inventeur du psychodrame, le génosociogramme est « une sorte d'arbre généalogique » qui permet de visualiser l'histoire d'une famille en un seul coup d'œil, le mot « famille » étant ici pris au sens large, les proches, amis et animaux familiers pouvant en faire partie. Dans un premier temps, le consultant inscrit ce qu'il a retenu de son histoire et ce qu'il a perçu des liens entre les différents membres de sa famille. Les oublis possibles, véritables trous dans la mémoire, parleront tout autant que les souvenirs. Dans un second temps, il complète son histoire familiale en recherchant des témoignages, des documents et éventuellement des dates importantes. Ce travail doit être mené sur plusieurs générations afin d'établir des liens significatifs entre les événements, les faits, les dates, les âges et les situations.

Les conventions graphiques du génosociogramme

Les conventions graphiques essentielles pour tracer un génosociogramme (ou génogramme) sont les suivantes :

- Un cercle indique une personne de sexe féminin.
- Un carré indique une personne de sexe masculin.
- Un lien double signifie un mariage.
- Un lien simple représente une union libre.
- Un trait oblique signifie une séparation.
- Un double trait oblique signifie un divorce.
- Les unions successives sont numérotées.
- La filiation est indiquée par un lien vertical.
- L'ordre des enfants dans la fratrie est indiqué par un numéro.
- Les jumeaux sont reliés par un trait horizontal.
- Le lien de filiation doublé de pointillés renvoie à l'adoption d'un enfant.
- Un cercle ou un carré en pointillés indique une fausse couche.
- Une croix indique que la personne est décédée.

Le rôle du génosociogramme

Le génosociogramme permet de :

- Mettre à jour la nature des relations entre les différents membres de la famille.
- Préciser les règles familiales et les rôles de chacun.
- Découvrir nos parents et nos grands-parents à travers leur propre histoire et se situer ainsi dans une perspective générationnelle où chacun de nous est un maillon de l'histoire familiale.
- Mettre en évidence les deuils non résolus et leurs effets sur les générations suivantes.
- Établir les répétitions familiales sur plusieurs générations.

Cette représentation graphique, qui évolue au fur et à mesure des séances, permet au consultant de visualiser ce qui est véhiculé à travers les générations, de comprendre sa vie autrement, de déterminer ce qui lui revient en propre et de remanier ses choix de vie.

En résumé

Le génosociogramme, ou génogramme, est une représentation graphique de la famille sur trois générations ou plus, qui fait figurer les membres de la famille. On utilise le génosociogramme pour appréhender la nature des liens établis (alliances ou ruptures) ainsi que les dates et les événements significatifs pour le travail d'exploration transgénérationnel.

Un génogramme

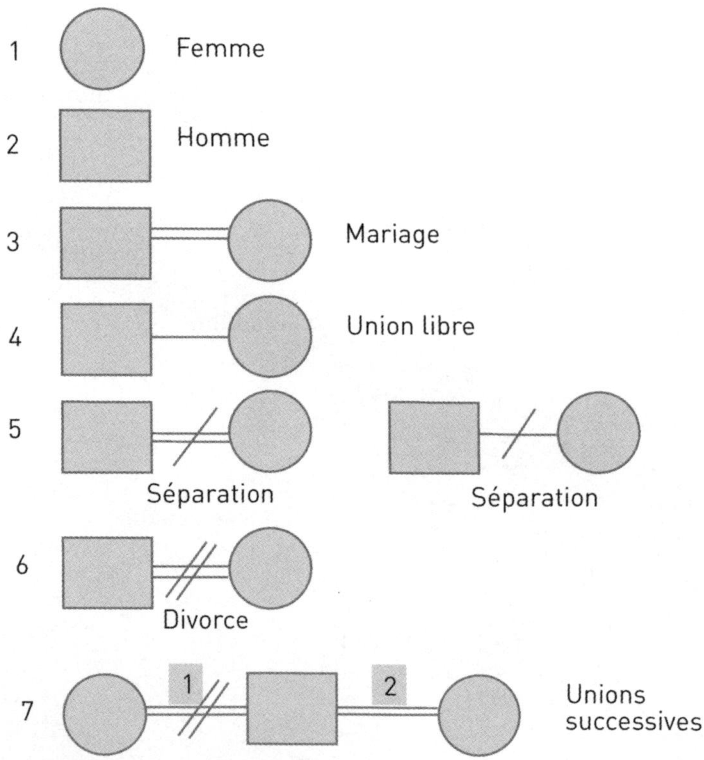

…/…

8 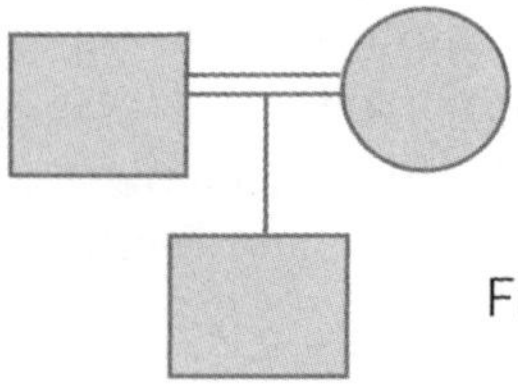 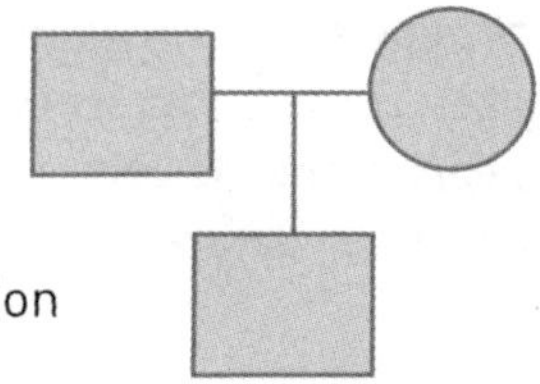

Filiation

9 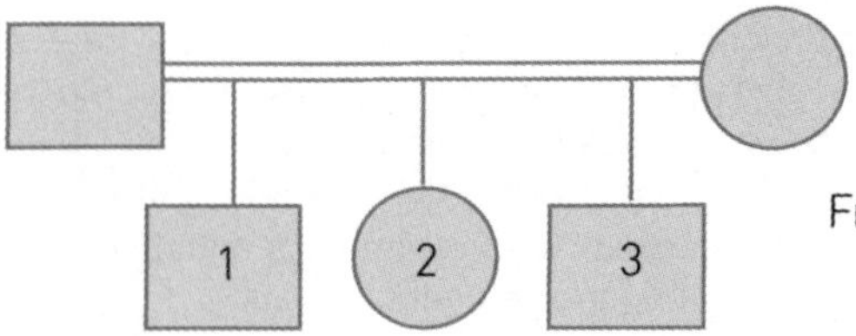

Fratrie

10 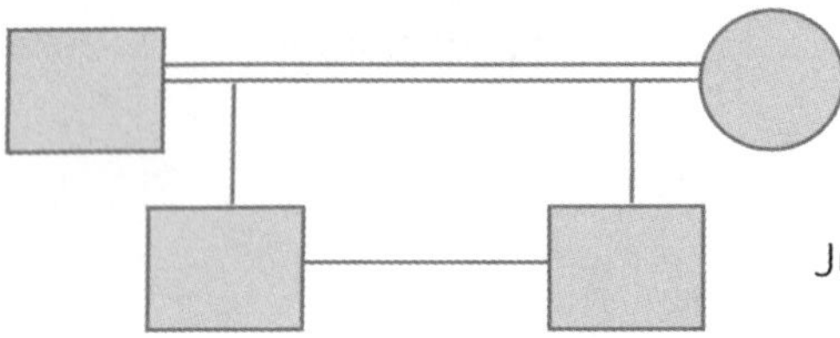

Jumeaux

11 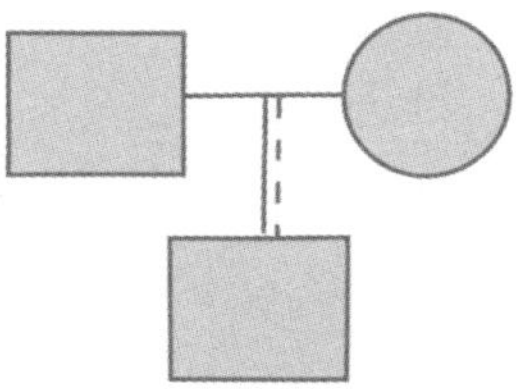

Adoption

12 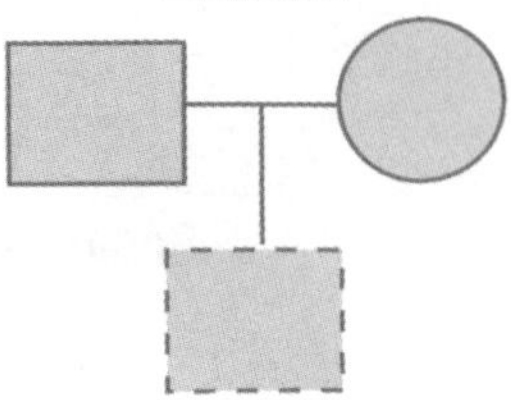

Fausse couche

13 

Décès

Le syndrome d'anniversaire

La « réaction d'anniversaire »

Anne Ancelin Schützenberger s'est appuyée sur les travaux de Joséphine Hilgard pour explorer le syndrome d'anniversaire dans les cas de cancer. Cette dernière, médecin et psychologue à San Francisco, a étudié de 1952 à 1988 les dossiers d'admission de malades en hôpital psychiatrique et a mis en évidence le lien entre le déclenchement d'une psychose* à l'âge adulte et un événement familial traumatisant. Selon elle, une véritable « réaction d'anniversaire » peut se produire chez un patient lorsque son enfant arrive à l'âge où lui-même a été victime d'un traumatisme. Par exemple, une mère peut déclarer un accident psychotique lorsque sa fille ou son fils atteint l'âge de dix ans, âge qu'elle avait elle-même lorsqu'un de ses parents s'est suicidé.

Cette étude a permis de démontrer statistiquement l'existence de ces syndromes d'anniversaire dans le cas d'épisodes psychotiques. Joséphine Hilgard a également établi le syndrome du « double anniversaire » ou « anniversaires successifs » : ce pourrait être le cas d'une mère de deux enfants qui déclenche un épisode psychotique lorsque son premier enfant a huit ans - âge auquel elle a perdu son père -, puis en déclare un second lorsque son deuxième enfant atteint, lui aussi, l'âge de huit ans. Pour Joséphine Hilgard, ces périodes d'anniversaires correspondent presque toujours à des moments critiques de fragilisation extrême.

L'appréhension de la période d'anniversaire

De la même manière, de nombreuses personnes appréhendent le moment où elles accèderont à l'âge qu'avaient leurs parents quand ils ont été victimes d'un événement traumatique, maladie ou accident, ou même quand ils sont morts. Certaines le craignent d'autant plus qu'elles occupent le même rang de fratrie que le parent en question, qu'elles portent le même prénom ou qu'elles sont nées à une date identique. Ces craintes sont accentuées lorsque l'entourage vit cet événement traumatique comme une malédiction. Le psychologue américain

Robert Rosenthal parle de « réalisation automatique des prédictions ». Anne Ancelin Schützenberger, dans ses travaux sur les syndromes d'anniversaire dans les cas de cancer, expose ainsi le cas d'une jeune femme certaine de mourir à un âge précis : « ma mère est morte à 35 ans, je ne dépasserai pas cet âge-là » ; à 35 ans, elle développe un syndrome dépressif qui affaiblit son système immunitaire et favorise l'apparition d'un cancer. Cette forme de répétition morbide relève d'un mécanisme connu sur le plan de la clinique médicale : l'idée d'une mort à l'identique d'un parent déclenche une dépression, laquelle entraîne une baisse des défenses immunologiques. D'autres personnes, en revanche, traversent ces mêmes périodes sans fragilisation, généralement lorsque la cohésion familiale a été maintenue et que le deuil du parent a été exprimé, partagé, ou encore lorsqu'un réseau social ou une prise en charge psychologique a assuré cette fonction de soutien.

La répétition du syndrome d'anniversaire

Anne Ancelin Schützenberger a également étudié les conséquences somatiques des traumatismes de guerre sur les descendants des victimes. Ses études sur génosociogrammes ont permis de démontrer l'existence de nombreuses répétitions d'anniversaire ou de double anniversaire sur deux ou trois générations, et parfois plus. Elle emploie le terme de « stress d'anniversaire » pour qualifier ces périodes de fragilisation qui peuvent conduire une personne à déclencher une pathologie ; si celle-ci dresse son génosociogramme, elle identifiera souvent un phénomène de répétition et aura ainsi la possibilité de s'en affranchir, voire de guérir.

En résumé

Dans une génération, l'un des membres d'une famille meurt à un âge donné, dans des conditions dramatiques, d'une maladie ou d'un accident. À la génération suivante, un descendant peut alors développer, au même âge, selon un phénomène de répétition morbide, une maladie identique ou redouter un accident similaire, répétition que l'on qualifie de « syndrome d'anniversaire ». Si ce syndrome d'anniversaire a effectivement lieu, la génération qui suit peut adhérer à la croyance d'une malédiction familiale qui risque d'engendrer des périodes de fragilisation aux périodes anniversaires de ces événements dramatiques.

Le syndrome d'anniversaire

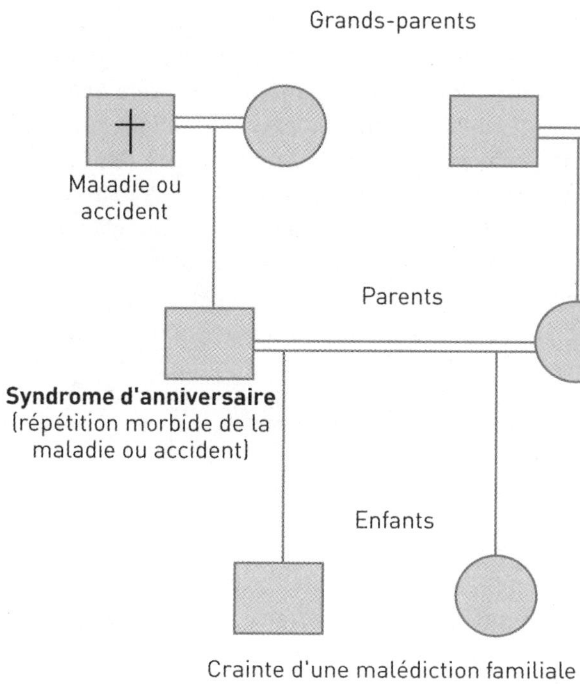

La transmission

La question de la transmission a toujours été au centre des différents courants psychogénéalogiques. Comment expliquer, par exemple, qu'un petit-fils de déporté puisse être hanté par les cauchemars de son grand-père ? Tout se passe comme s'il avait lui-même traversé les événements traumatiques de son aïeul.

Anne Ancelin Schützenberger considère deux niveaux de transmission : une transmission consciente ou « intergénérationnelle* », parlée entre enfants, parents et grands-parents, et une transmission inconsciente ou « transgénérationnelle* », tue mais véhiculée par les non-dits et les secrets. Elle distingue également divers canaux de transmission.

La vie utérine

Selon Anne Ancelin Schützenberger, la mère transmettrait, dès la vie utérine, certaines expériences à son enfant, d'inconscient à inconscient. Les recherches analytiques depuis Sigmund Freud sont à cet égard riches en hypothèses. Il semblerait que la mère communique ses propres rêves à son enfant dès le septième mois de grossesse ; celui-ci aurait ainsi accès à l'inconscient de sa mère. Françoise Dolto, quant à elle, postule que l'inconscient de la mère et celui de l'enfant sont reliés, ce qui imprégnerait l'enfant d'événements familiaux sur plusieurs générations. Ceci est à rapprocher des psychodrames qui permettent à certains de revivre une partie de leur vie intra-utérine ainsi que leur naissance. Selon Jacob Levi Moreno, il y aurait une véritable communication d'inconscient à inconscient à l'intérieur de la famille qu'il nomme « co-inconscient familial ».

Les projections parentales

Les projections des parents sur l'enfant, appelées aussi « engrammes », représenteraient un autre canal de transmission. En effet, dès sa naissance et même avant, l'enfant est l'objet de nombreuses attentes et projections de la part de ses parents, souvent même de sa famille entière, qui imprime chez lui une sorte de programme de vie concernant son avenir affectif voire professionnel.

Le langage non verbal

Le corps et le langage non verbal pourraient aussi servir de canaux de transmission. L'atmosphère familiale, le comportement et les attitudes des parents, leurs gestes, leurs soupirs... sont autant d'informations perçues par l'enfant sur ce que ses parents ou grands-parents vivent ou ont vécu.

Les deuils familiaux

L'inachevé aurait également un impact : les deuils non faits ou « bloqués » - morts prématurées, injustes, violentes - se transmettraient aux générations suivantes. Ces deuils, en quelque sorte non digérés, inachevés, constituent pour les descendants un véritable fardeau. En effet, tout enfant hérite des problématiques non résolues de ses parents. L'approche analytique montre que les psychotiques expriment inconsciemment le vécu de leurs parents avant même d'exprimer le leur et que leur discours possède une signification dès lors qu'il est replacé dans l'histoire familiale, sur plusieurs générations.

Les non-dits

Enfin, ce qui est occulté resurgit bien souvent d'une manière ou d'une autre. Lorsqu'une personne souffre, elle choisit la plupart du temps de le taire afin de protéger son entourage et plus particulièrement ses enfants. On voit cependant apparaître chez ceux-ci et chez leurs descendants des troubles psychologiques, voire des maladies psychosomatiques, indiquant très clairement que les non-dits traversent les générations plus encore que les paroles et tout ce qu'elles véhiculent.

L'approche thérapeutique

Les séances de travail thérapeutique d'Anne Ancelin Schützenberger s'organisent principalement autour de deux axes : un axe psychosociologique* et un axe psychanalytique*. Lors du premier entretien, le patient se raconte et parle de sa famille. Il en esquisse les personnages marquants et les temps forts : mariages, séparations, déménagements, accidents, décès, etc. Pour ce faire, il est aidé par un questionnaire précis visant à repérer les coïncidences de dates ou d'événements ainsi que les âges-clés, les éventuelles répétitions, les syndromes d'anniversaire, les traumatismes et les amnésies volontaires ou involontaires.

Le premier axe de travail consiste en une lecture psychosociologique : les différents événements sont rapportés à leur contexte historique, culturel et social. Le second axe se réfère à la pratique psychanalytique : on travaille alors sur les associations libres, les rêves et les actes manqués.

Anne Ancelin Schützenberger se démarque cependant des psychanalystes classiques en apportant à son patient une aide toujours très active. Elle pointe, éclaire puis recadre différemment l'événement traumatique ou la maladie, et permet ainsi au sujet de s'engager sur une voie nouvelle, de devenir acteur de sa vie et d'agir sur l'évolution de sa maladie. Donner un sens aux événements, repérer les répétitions à travers les générations est au cœur de sa pratique, qu'elle soit individuelle ou de groupe.

Chapitre 2

Serge Tisseron

le secret et la honte

Serge Tisseron, psychiatre et psychanalyste, souligne l'importance du sentiment de honte et des secrets familiaux dans la pathologie psychique. Il articule son travail clinique autour de trois dimensions : historique, actuelle et transgénérationnelle. La dimension historique concerne l'histoire passée du sujet et se réfère au courant classique psychanalytique.

La dimension actuelle recouvre les situations ou événements de vie importants pour le sujet, ainsi que la manière dont ils sont investis par lui. Quant à la dimension transgénérationnelle, elle situe l'individu dans la succession des générations, ce qui permet, d'après ce thérapeute, de comprendre et de traiter « ces symptômes* qui s'enflent de manière démesurée et qui résistent à l'approche psychanalytique centrée sur la dynamique individuelle. »

Le secret

La fonction du secret

Selon la définition du Petit Robert, le secret est « un ensemble de connaissances, d'informations qui doivent être réservées à quelques-uns et que le détenteur ne doit pas révéler ». Pour Serge Tisseron, il est important de différencier le bon secret du mauvais secret, le secret normal du secret pathologique. Si le premier a une fonction protectrice, le second a une fonction déstructurante pour le psychisme de l'individu. Le droit au secret est en effet essentiel au développement de l'enfant et de l'adulte car il constitue une limite entre soi et les autres. Il protège chacun d'entre nous d'intrusions de toutes sortes mais il devient pathologique lorsque « nous cessons d'en être le gardien pour en devenir son prisonnier ».

Les différents types de secret

Serge Tisseron distingue les secrets concernant la vie privée et ceux liés à un événement historique. Les secrets les plus fréquents dans les familles concernent les avortements, les adoptions, les adultères, les incestes, les viols, les maladies, les internements psychiatriques, les emprisonnements et les fortunes frauduleuses. Avec l'évolution de la société, de nouveaux sujets font l'objet de secrets, tel le sida, alors qu'il y a quelques années encore, c'était le cancer qui était un sujet tabou dans de très nombreuses familles. Les drames historiques engendrent également leurs lots de non-dits et de secrets familiaux. Si aujourd'hui la déportation des juifs et des résistants a été abordée de nombreuses fois, d'autres périodes historiques commencent tout juste à suinter, à libérer leurs secrets. Il en est ainsi de la guerre d'Algérie ou du massacre des Arméniens.

L'existence et le contenu du secret

Cet auteur différencie également l'existence du secret de son contenu. En effet, dans certaines familles, l'existence d'un secret est parfois connue de tous – même sur plusieurs générations -, alors que son contenu reste difficilement identifiable. Dans d'autres familles, tout est occulté, l'existence du secret comme son contenu. Les causes du secret sont multiples mais il s'agit le plus souvent de protéger l'autre, de ne pas le traumatiser. Un père cachera ainsi sa situation de chômeur à son fils, une maladie qui le condamne ou un enfant né hors mariage. Paradoxalement, plus le parent souhaite préserver son enfant, plus les difficultés psychiques sont importantes voire graves pour celui-ci.

Un parent peut également taire les erreurs qu'il a commises dans le passé pour préserver une image de parent parfait et ne pas risquer de décevoir son enfant et perdre son respect. L'enfant devient alors prisonnier de cet idéal pesant, impuissant à communiquer ce qu'il ressent et à faire part de ses perceptions personnelles. Enfin, oublier de dire représente, pour d'autres parents, le plus sûr moyen d'occulter, de nier une vérité qu'ils ne peuvent supporter eux-mêmes.

Les effets et la transmission du secret

Le non-dit à travers les générations est souvent plus violent que le contenu du secret lui-même. Selon Serge Tisseron, les répercussions du silence sont nombreuses. L'individu peut être blessé sur le plan narcissique car il se croit indigne de connaître la vérité, ce qui ne l'empêche pas pour autant de se poser d'insolubles questions pour tenter de la découvrir. Il est alors en proie à de fortes angoisses, perd sa capacité à communiquer et souffre d'un sentiment d'exclusion. Dans de nombreux cas, il se sent coupable et porte la responsabilité de la souffrance du porteur de secret. Il est parfois incapable de quitter son parent et cherche, sa vie entière, à le délester de son fardeau.

Un autre effet du secret, plus fréquent qu'on ne le pense, est de plonger le sujet dans une confusion extrême dans la mesure où il ne peut plus faire confiance à ce qu'il perçoit ou entend. Très souvent, il estime que si « quelque chose doit rester caché », c'est obligatoirement « pour protéger quelqu'un de la honte », ce qui l'amène à son tour à ressentir de la honte à l'idée de l'ampleur éventuelle du secret.

Toutes ces répercussions induisent chez les personnes victimes de secret des peurs irraisonnées, des troubles du comportement et quelquefois des phobies.

La honte

Le concept de honte

Selon le Petit Robert, la honte est « un sentiment pénible de son infériorité, de son indignité ou de son abaissement dans l'opinion des autres ». Les psychanalystes considèrent que la honte relève toujours de situations familiales intériorisées dans l'enfance et revécues à l'âge adulte au travers des diverses relations. Pour Serge Tisseron, il existe d'autres situations qui génèrent la honte et qui sont liées aux violences extérieures et aux traumatismes. Selon lui, la honte est « d'emblée et toujours un sentiment social » et elle ne doit pas être confondue avec la culpabilité. En effet, si la culpabilité peut être partagée avec un tiers et s'avère être souvent à l'origine d'un travail thérapeutique, la honte au contraire est niée, cachée, dissimulée ; le fait de l'exprimer entraînerait irrémédiablement l'exclusion sociale, alors que dire sa culpabilité à un tiers permet au contraire de rétablir les liens et de sortir de l'isolement. En outre, la caractéristique essentielle de la honte réside dans sa grande contagiosité : la honte qui provient des générations antérieures nous envahit de façon disproportionnée, s'ajoutant à notre propre honte et venant ainsi la décupler. Aussi, rencontrer « un autre susceptible de recevoir la honte sans l'éprouver, donc sans la renvoyer », semble la condition indispensable pour permettre à celui qui en souffre de l'exprimer et de retrouver une place dans la société.

Les effets et la transmission de la honte

Face à la honte, le sujet traverse différentes étapes :

- Tout d'abord, il y a une expérience de « néantisation » brutale accompagnée d'angoisse qui ne peut être ni remémorée, ni mise en mots. Cette étape est dite « indicible ».
- Ensuite vient la confusion qui correspond à la perte des repères internes et qui donne parfois lieu à une véritable désintégration psychique.
- Enfin, c'est le sentiment de honte à proprement parler, à la fois structurant et déstructurant, qui va permettre au sujet de sortir de cette confusion, de reprendre pied en même temps qu'il se sent marginalisé et indigne. C'est là tout le paradoxe de la honte. Habité par ce sentiment de honte inconfortable, l'individu peut alors exprimer ou non son indignation, sa colère, sa culpabilité ou son éventuel désir de vengeance.

Pour Serge Tisseron, dans les secrets familiaux, « la honte est l'affect maître du secret » : le porteur du secret, celui qui le garde, souffre toute sa vie de la honte. Cette honte peut se manifester sur le plan émotionnel toutes les fois où le sujet rencontre une situation proche de celle qui a été à l'origine de sa honte. Lorsque cette honte est très enfouie, elle ne peut s'exprimer qu'au travers de réactions émotionnelles fortes telles la culpabilité, la colère ou la haine. Il arrive parfois que la honte soit emmurée à jamais, dans un déversement impossible : elle est alors plus dévastatrice encore, pour l'individu lui-même et pour son environnement immédiat.

Les descendants du porteur du secret perçoivent bien sûr les sautes d'humeur de leur parent, mais ils ne peuvent y mettre aucun mot et gardent dans l'ombre ce qu'ils imaginent ne pas avoir le droit de savoir, en continuant à vivre « comme si de rien n'était ». Ce clivage de leur personnalité s'accompagne d'un sentiment de honte qu'ils porteront à leur tour toute leur vie. Par leur silence, ils sont solidaires de la honte de leur parent. Ils se sentent indignes de connaître la vérité et ils souffrent, mais ils n'évoquent jamais cette souffrance car elle risquerait de fragiliser davantage le parent qu'ils protègent. Ils ont souvent honte de leur curiosité, honte de vouloir connaître le secret de leur parent, ce qui induit parfois chez ces enfants de réelles difficultés d'apprentissage. En effet, si les parents ne donnent aucune explication et taisent leur souffrance, l'enfant peut ne pas s'autoriser à apprendre et à comprendre, ce qui entraîne parfois des retards scolaires.

Les descendants du porteur du secret ont également honte de leurs fantasmes, honte de la honte de leur parent et surtout honte de ne pas être capable de les en libérer. Il arrive que la honte soit alors déplacée dans des comportements phobiques ou obsessionnels.

Le plus souvent, les effets de la honte disparaissent totalement à la troisième génération. Toutefois, il arrive que le secret laisse d'imperceptibles traces et se devine à travers des hobbies ou des passions symbolisant directement ou indirectement le contenu de ce qui a été tu. Il en est ainsi des collectionneurs dont les objets rassemblés trahissent parfois un secret familial.

L'approche thérapeutique

Une écoute transgénérationnelle

L'originalité de Serge Tisseron est de faire preuve, lors de ses entretiens thérapeutiques, d'une « écoute sur plusieurs générations » et de ne pas se limiter à une lecture exclusivement axée sur le sujet lui-même. Il élargit ainsi son niveau d'écoute et de compréhension, car si l'individu se construit à partir de désirs et de conflits qui lui sont propres, sa construction s'étaye aussi sur les événements réels mal élaborés ou tus par ses proches, voire par ses ancêtres.

Des indices de la transmission

Au cours de son travail, Serge Tisseron dégage plusieurs indices de transmission transgénérationnelle susceptibles de renseigner le thérapeute sur une symptomatologie* transgénérationnelle probable. Il peut s'agir, chez le patient, d'un décalage entre son allure générale et son âge, de sentiments de fatalisme ou de malédiction, d'un discours à plusieurs tonalités comme si diverses personnes l'habitaient, de répétitions agies ou subies, ou encore – et chez le thérapeute cette fois – d'un sentiment d'impuissance, voire de honte. Un autre indice, peut-être le plus significatif, est l'intérêt marqué ou le souci impérieux du patient de comprendre à tout prix son histoire familiale. Dans tous ces cas, lorsqu'une problématique transgénérationnelle est suspectée, la priorité du thérapeute sera d'établir un climat de confiance afin que son patient parle et se libère de cette honte disproportionnée dont il est prisonnier. Le thérapeute doit aider le patient à comprendre que la honte dont il souffre n'est pas la sienne mais celle d'un autre et lui permettre d'en identifier les causes ; celles-ci seront toujours difficiles à accepter, même à penser, car elles ont généralement été enfouies depuis l'enfance ou déplacées sur d'autres supports.

Contagiosité de la honte

Comme c'est « un tiers qui a rendu honteux », c'est donc par un tiers que le patient pourra se dégager de la honte, à condition toutefois que ce tiers ne lui manifeste pas de honte à l'écoute de sa honte, ce que Serge Tisseron appelle « la honte de la honte ». Le thérapeute doit donc se montrer particulièrement vigilant en ce qui concerne la contagiosité de la honte et éviter deux écueils majeurs : croire qu'il peut établir la vérité sur ce qui a été caché et croire que le secret est exclusivement une construction fantasmatique.

En résumé

Un acte, considéré comme honteux, a lieu à une génération donnée. Cet acte est ensuite tu, gardé secret à la génération suivante par un descendant qui souffre d'un fort sentiment de honte toute sa vie : ce sujet est dit « porteur de secret ». Son descendant porte à son tour cette honte, sans pour autant l'identifier ni la comprendre, et peut ainsi connaître, dans le pire des cas, des comportements phobiques ou obsessionnels.

La transmission de la honte

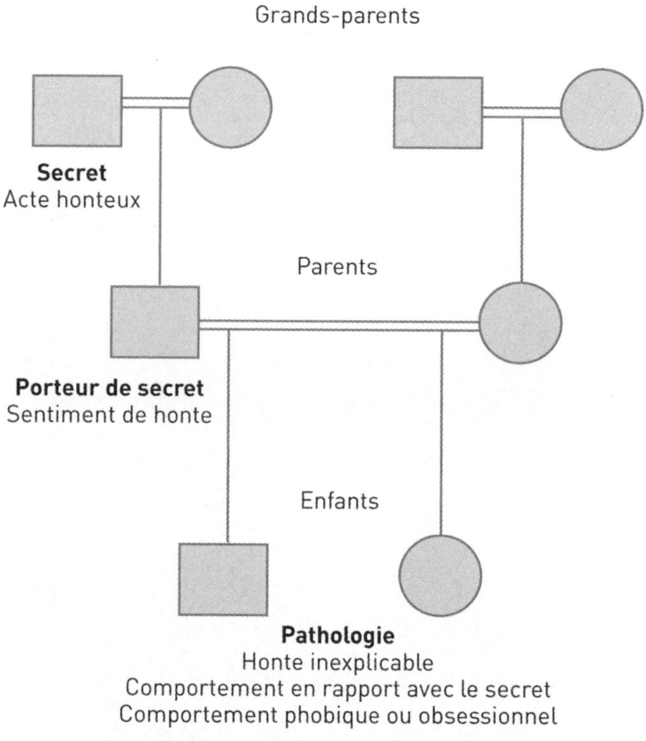

Chapitre 3

Nicolas Abraham et Maria Torok

la crypte et le Fantôme

Les travaux de Nicolas Abraham et Maria Torok ont été initiés par Sandor Ferenczi, psychanalyste contemporain de Freud, qui a centré ses recherches sur les traumatismes imposés aux enfants par les adultes. Leur concept novateur est celui de « travail du Fantôme dans l'inconscient », concept analytique qui recouvre le travail, dans l'inconscient d'une personne, d'un secret non avouable hérité des générations précédentes. Le psychanalyste Claude Nachin a élargi ce concept au travail dans l'inconscient d'une personne d'un traumatisme non surmonté ou d'un deuil non fait, hérité des générations précédentes. Il est à noter que ce concept de Fantôme, qui recouvre des phénomènes psychiques internes, diffère des conceptions de fantômes et de revenants issues de la tradition populaire.

Serge Tisseron, Didier Dumas, Jean-Claude Rouchy, Nicholas Rand, Jean-Georges Lemaire et Pascal Hachet participent également à ce courant de recherche analytique.

La crypte et le Fantôme

En général, toute expérience de vie donne lieu à un travail d'élaboration psychique pour être assimilée, introjectée*. Mais lorsqu'une expérience n'est pas assimilable, parce que trop violente ou traumatique, ce travail ne peut être fait et l'expérience est alors retenue prisonnière au sein du Moi, clivée* sous forme d'inclusion. Lorsque cette inclusion est durable, on parle de « crypte ». L'enfant face à un parent porteur de crypte peut voir son fonctionnement psychique affecté. La crypte du parent influe sur l'inconscient de l'enfant aux dépens de sa vie pulsionnelle propre : c'est le travail du Fantôme. L'apport original de Nicolas Abraham et de Maria Torok est de considérer les événements vécus par les parents - et leurs répercussions - comme étant susceptibles d'affecter le psychisme d'un individu autant que ses propres expériences. Ainsi, lorsqu'un travail de deuil ou lorsque la résolution d'un traumatisme n'a pas été effectuée dans les générations précédentes, les descendants héritent en quelque sorte de ces problématiques non résolues.

Ce processus avancé par ces auteurs peut-être schématisé comme suit :

➤ Un événement - traumatisme ou deuil -, qui n'a pu être élaboré à une génération donnée donne lieu à un clivage*. Cet événement « indicible » reste alors présent sous forme de crypte dans le psychisme de celui qui l'a vécu mais ne peut être parlé.

➤ À la deuxième génération, l'enfant doit affronter le clivage de son parent. L'événement « indicible » mais néanmoins perceptible devient « innommable », c'est-à-dire que l'enfant ne peut ni le nommer ni se le représenter. Un nouveau clivage plus important apparaît alors, concernant cette fois l'ensemble du psychisme de l'enfant et non plus seulement une partie, comme c'était le cas pour le parent. On considère alors que l'enfant est porteur d'un Fantôme.

➤ À la troisième génération, cet événement « innommable » devient « impensable », c'est-à-dire que le descendant n'en connaît pas l'existence. Il est incapable de l'imaginer, de le penser, et pourtant, il est gêné, envahi par des sensations diffuses, des émotions ou des images qu'il ne peut expliquer par son histoire personnelle.

➤ Les générations suivantes verront les effets de la crypte s'atténuer considérablement ou subsister sous forme de réactions ou de comportements originaux ou inadaptés aux situations.

Il faut souligner que lorsqu'un événement traumatique ou un deuil a pu être mis en mots et partagé au sein d'une famille, les descendants sont indemnes.

L'approche thérapeutique

Les indices de l'existence d'un Fantôme

Chez les patients, certains indices sont susceptibles d'alerter le thérapeute sur un éventuel « travail du Fantôme dans l'inconscient ». Il peut s'agir d'indices biographiques repérables dans l'histoire familiale (enfant orphelin, naturel, adopté ou placé), d'indices comportementaux et verbaux (productions verbales et comportements étranges) ou d'indices cliniques comme des troubles du comportement, des signes phobiques ou obsessionnels, des constructions délirantes ou des manifestations psychosomatiques.

Dire le Fantôme

La cure du Fantôme requiert avant tout une solide empathie entre le thérapeute et son patient, empathie qui autorise une attitude active : le travail sur l'histoire familiale permettra d'avancer des hypothèses susceptibles d'éclairer la problématique du patient. Le thérapeute peut même, à certaines périodes charnières de la cure, inciter le patient à rechercher des informations auprès de son entourage. Si celui-ci est parfois tenté d'occulter certains événements dérangeants, il se prête beaucoup plus souvent qu'on ne le pense à des révélations qui seront bénéfiques pour l'avancée du travail thérapeutique. Le patient est en général surpris par le succès de ses démarches, tout comme son entourage qui se sent la plupart du temps soulagé d'avoir enfin eu la possibilité de dire.

La « déconstruction du Fantôme »

Il existe cependant des difficultés qui sont propres au travail du Fantôme et auxquelles le thérapeute doit rester attentif. Le patient peut ressentir une certaine appréhension à trahir ou à désintégrer sa famille en levant un secret ou en évoquant seulement la possibilité de son existence. Le patient peut aussi redouter d'abîmer l'image de son parent, auquel cas le thérapeute aura des difficultés à expliquer la défaillance de celui-ci.

Enfin, il faut se méfier des révélations parfois mensongères de l'entourage qui peuvent mettre en échec le travail thérapeutique.

Lorsqu'une problématique de Fantôme existe, le thérapeute doit travailler à la « déconstruction du Fantôme », ce qui consiste, en quelque sorte, à « l'exorciser ». Il est à noter que le Fantôme n'est pas un objet au sens analytique du terme, mais le produit du travail inconscient d'un sujet face à un parent perturbé. Dans les cas les plus simples, le Fantôme fait suite à la crypte d'un parent ; il est donc important que le patient « explore » cette crypte afin de mieux appréhender le comportement de son parent, jusque-là incompréhensible, sans le juger. Ce travail permettra au patient de s'alléger d'une souffrance qui n'a jamais été la sienne. Par exemple, le patient peut, sans le savoir, porter un deuil d'un parent qui n'a jamais pu exprimer sa souffrance. Aussi, explorer l'histoire de son parent, c'est se donner la possibilité de commencer à vivre sa propre histoire.

Dans les cas plus difficiles, le Fantôme fait suite à la crypte d'un grand-parent et les mots, les actes ou les traumatismes sont encore plus inaccessibles : ils sont cadenassés. Le patient est envahi de perceptions incompréhensibles pour lui comme pour le thérapeute. Ce dernier devra alors faire appel à d'autres stratégies thérapeutiques et solliciter, par exemple, la présence d'un ou plusieurs membres de la famille ou recourir à des techniques projectives comme le modelage ou le dessin.

Dans certains cas encore plus complexes, la problématique du Fantôme se superpose à celle d'une crypte chez une même personne : la distinction entre le clivage du Moi lié à un traumatisme et le travail du Fantôme s'avère alors très délicate ; le thérapeute doit alors « démêler » avec son patient ce qui relève de sa propre histoire et ce qui relève de l'histoire d'un parent.

Approche analytique et systémique

Ce concept du Fantôme élargit considérablement le cadre du travail psychanalytique et souligne l'impact des problèmes non résolus par les générations antérieures sur l'histoire personnelle d'un sujet. Dans le cadre de la thérapie familiale* analytique, Alberto Eiguer a repris ce concept du Fantôme et a dégagé la notion « d'objet transgénérationnel ».

Pour lui, il s'agit d' « un ancêtre ou un parent suscitant des fantasmes et provoquant des identifications chez un ou plusieurs membres d'une même famille ».

Il distingue trois types d'objets transgénérationnels bienveillants suscitant la fidélité :

- Les parents idéaux que l'on copie à l'identique.
- Les objets magnifiés créant une dette tels les héros qu'il faut honorer à tout prix.
- Les objets-fantômes auteurs de blancs, de vides, comme ces ancêtres revenus de la guerre enfermés dans leur mutisme.

Grâce à cette notion d'objet transgénérationnel, Alberto Eiguer établit un lien entre l'approche transgénérationnelle analytique et l'approche transgénérationnelle systémique.

En résumé

Un événement, deuil ou traumatisme non résolu, s'inscrit chez un parent qui ne peut pas en parler (événement indicible). Ce parent est dit « porteur d'une crypte ». Son descendant risque alors d'être affecté dans la totalité de son fonctionnement psychique : il perçoit mais ne peut nommer l'événement dont a souffert son parent (événement innommable). Ce descendant est dit « porteur de Fantôme ». À la génération suivante, les descendants peuvent être envahis de perceptions, sensations ou images en rapport avec cet événement qui leur est pourtant inconnu (événement impensable).

La crypte et le Fantôme

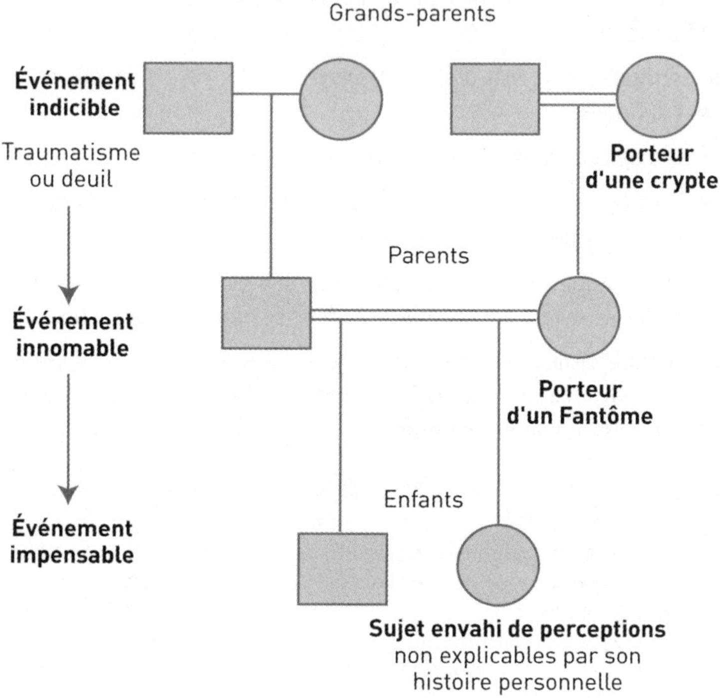

Chapitre 4

Ivan Boszormenyi-Nagy

la loyauté et la parentification

Formé à la psychiatrie en Hongrie, Ivan Boszormenyi-Nagy a émigré aux États-Unis où il a fondé un des premiers centres de psychothérapie familiale. Son travail original a largement influencé le développement d'approches similaires en Europe. Ses recherches, marquées par la pensée philosophique de Hegel, s'appuient aussi bien sur les données psychanalytiques classiques que sur les données du courant systémique.

Il a ainsi mis en évidence l'importance des notions de justice, d'équité et de réciprocité dans la dynamique des relations familiales au fil des générations.

Il reprend le travail systémique de Murray Bowen, pionnier de la thérapie familiale, sur les familles et remarque, comme lui, que l'angoisse est contagieuse. Selon Ivan Boszormenyi-Nagy, il existe « un legs d'angoisse chronique transgénérationnelle » que chaque famille transmet de génération en génération, selon une configuration particulière de fonctionnement émotif. Cela peut se manifester par une distance émotionnelle et un éloignement entre les différents membres de la famille toutes les fois où l'angoisse y est trop forte, ou bien par un conflit chaque fois qu'il y a un désaccord entre les parents ; ainsi, dans certaines familles, le conflit conjugal conduit toujours l'un des parents à donner tout pouvoir à l'autre, alors que dans d'autres familles, les problèmes du couple parental sont projetés sur les enfants et plus particulièrement sur l'un d'entre eux. Ce dernier, l'« enfant triangulé », sera fortement fragilisé par ce processus de projection parentale intense.

Pour Ivan Boszormenyi-Nagy, l'individuation et l'autonomie ne s'établissent qu'au travers du jeu relationnel, l'individu ne se construisant qu'en relation avec l'autre. Deux modes relationnels essentiels dominent : la relation symétrique avec égalité et réciprocité dans les échanges, et la relation asymétrique où l'un se trouve placé sous la dépendance de l'autre ; la relation mère-nourrisson en est le paradigme.

Face au système familial, ce thérapeute aborde le jeu des relations sous divers angles. Il s'attache, en premier lieu, à l'histoire familiale sur plusieurs générations. Puis il s'intéresse aux transactions qui ont cours à l'intérieur de la famille (règles, rôles et modes de communication). Enfin, il aborde les individus en se référant à la fois aux concepts analytiques tels que le conflit et le clivage, et aux données psychologiques comme les différents stades de développement de l'enfant et de l'adolescent.

L'éthique relationnelle

Pour résister à l'épreuve du temps, une relation doit être placée à la fois sous le signe de l'équilibre entre dettes et mérites et sous le signe de l'équité. Ainsi, une personne est en droit d'exiger, en toute légitimité, une réciprocité dans la relation, avec un équilibre du donné-reçu. L'auteur parle de « légitimité constructive » toutes les fois où une relation est satisfaisante, et de « légitimité destructrice » dans les cas où il y a déséquilibre ou insatisfaction dans la relation. La victime d'une relation défaillante cherche alors compensation et se croit en droit de détruire l'autre à son tour.

Ivan Boszormenyi-Nagy remarque une amélioration à mesure que les générations se succèdent lorsque l'héritage de la génération précédente se transmet convenablement. A contrario, un problème non résolu à une génération se répercute obligatoirement sur les générations suivantes sous forme de symptômes. Il parle ainsi de « balance éthique » et dégage sa métaphore de « grand livre des comptes ». Il y aurait ainsi soit une transmission brute, non symbolisée et traumatisante, avec « incorporation psychique des fantasmes parentaux », soit une transmission transitionnelle, symbolisée et moins traumatisante car remaniée.

En ce qui concerne le mode de transmission d'un héritage non résolu, on peut également se référer aux travaux analytiques d'Albert Ciccone, initiés par ceux de René Kaës.

La loyauté

Un des concepts-clés de la pensée d'Ivan Boszormenyi-Nagy est celui de « loyauté ». Il tire son origine de la relation parents-enfant et s'articule autour des notions d'équilibre et de justice. Tout individu hériterait d'un devoir de loyauté envers son groupe d'appartenance (sa famille et ses parents) ; ce devoir se transmettrait consciemment ou inconsciemment. On parle donc de « loyauté » ou de « loyauté invisible ». Dans certains cas, ce devoir peut aller jusqu'à une occultation totale du monde extérieur à la famille, ce qui est potentiellement dangereux : il s'agit de la « loyauté clivée ». La loyauté se manifeste aussi bien dans les relations verticales imposées, relations parents-enfant, que dans les relations horizontales choisies, amis et relations diverses. Parfois, les « loyautés horizontales » s'opposent aux « loyautés verticales », créant ainsi un conflit intérieur et l'obligation pour l'individu de trouver un nouvel équilibre par la trahison, la conciliation ou le passage à l'acte. Dans la littérature, l'exemple le plus connu de conflit de loyauté est celui de Roméo et Juliette.

La parentification

Le concept de « parentification » fait actuellement l'unanimité au sein des diverses approches thérapeutiques, et nombreux sont ceux qui s'y réfèrent. La parentification correspond à une inversion des rôles parents-enfant, laquelle place l'enfant en position de père ou de mère du ou des parents. Ce type de relation est coutumier lors du développement de l'enfant, lorsque celui-ci s'essaye à son futur rôle de parent ; dans ce cas précis, la parentification n'est que temporaire et nécessaire. En revanche, lorsque la relation parents-enfant s'installe durablement et s'enlise, elle entrave le développement de l'enfant et rend son autonomie difficile, allant parfois jusqu'à susciter des troubles psychopathologiques à l'âge adulte.

La parentification se joue sur trois générations. Elle ne renvoie pas à un processus d'identification de l'enfant à l'égard de son parent mais à un changement de position : l'enfant devient alors le parent de son parent et prend ainsi la place d'un grand-parent, qui a été lui-même défaillant dans sa fonction parentale. L'enfant prend en charge la souffrance de son parent et il n'est pas rare que ce mode relationnel se répercute sur les générations suivantes. Ainsi, lorsqu'il y a eu séparation traumatique (décès ou séparation) à la génération des grands-parents, les parents auront de fortes chances d'être fragilisés dans leur fonction parentale et « parentifieront » leur enfant. On remarque souvent, au sein d'une même fratrie, que l'un des enfants est plus destiné que les autres à ce rôle. Cet enfant, plus sensible et plus mature, lesté des larmes de ses parents, incarne l'enfant loyal du système familial.

L'approche thérapeutique

La « thérapie contextuelle »

Selon Ivan Boszormenyi-Nagy, toute thérapie, même individuelle, s'avère insatisfaisante si elle ne prend pas en compte le système relationnel du patient. Le thérapeute doit aider son patient à instaurer avec son entourage un dialogue nouveau qui réponde aux conditions de la relation éthique. Cet entourage, ou « contexte », ne se restreint pas au système familial classique mais concerne un champ relationnel plus large qui implique tous les individus évoluant dans un rapport d'attentes et d'obligations envers le patient.

Ivan Boszormenyi-Nagy propose donc une « thérapie contextuelle* » qui repose sur trois recommandations incontournables :

- Le thérapeute doit toujours se référer aux générations précédentes pour mettre en évidence les règles de loyauté abusives et en permettre le réaménagement.

- Il doit être loyal envers son patient ou la famille qui consulte, faire abstraction de ses préjugés et ne jamais prendre parti pour ou contre l'un des membres de la famille.
- Il doit établir un contrat thérapeutique afin de définir l'objectif à atteindre : lorsque le thérapeute est face à une famille, il se doit d'être à l'écoute de chacun de ses membres, en toute équité, selon le principe de la « partialité multidirectionnelle ». Ce principe est également valable pour les membres absents ou disparus. Pour Ivan Boszormenyi-Nagy, faire accéder un sujet à l'autonomie consiste à instaurer des liens équitables avec chacun des membres de son contexte relationnel. Il s'agit-là d'une véritable innovation de la visée thérapeutique, qui considérait jusqu'alors le changement individuel comme unique accès à l'autonomie.

Des concepts corrélatifs

D'autres auteurs s'apparentent à cette approche. Parmi eux, citons Maurizio Andolfi, thérapeute familial italien qui élargit toujours son travail à trois générations : pour lui, la famille est « tridimensionnelle ». Toujours en Italie, le thérapeute familial Giulana Prata aborde le rejet, le fait d'être un « enfant mal-aimé », comme un héritage transmissible de génération en génération ; lorsque ce phénomène existe dans une famille, le « jeu du rejet » est indispensable à repérer pour en comprendre les mécanismes, le déjouer, et en limiter les effets.

En Allemagne, le psychiatre et psychanalyste Helm Stierlin élabore le concept de « délégation » selon lequel un individu peut être investi par d'autres membres de la famille d'une mission de réparation ; un enfant se doit, par exemple, de réussir là où ses parents ont échoué. À l'opposé, un enfant peut avoir été chargé des fautes de ses parents et être mandaté par ceux-ci pour les expier. Cette notion de « délégation » rejoint celle de « parentification » lorsque l'enfant est élu pour soigner et réparer son parent.

En résumé

La parentification inverse les rôles parents-enfant et bascule alors l'enfant au rang de grand-parent. À une génération, un grand-parent est défaillant dans sa fonction parentale. Son descendant est en souffrance : parent à son tour, il demande inconsciemment réparation à son descendant, plaçant ainsi son enfant dans un rôle de parent. Cet enfant, qui prend en charge la souffrance de son parent, est dit « parentifié » : il est parent de son propre parent. Il s'agit, le plus souvent, de l'enfant le plus loyal de la fratrie.

Les loyautés et la parentification

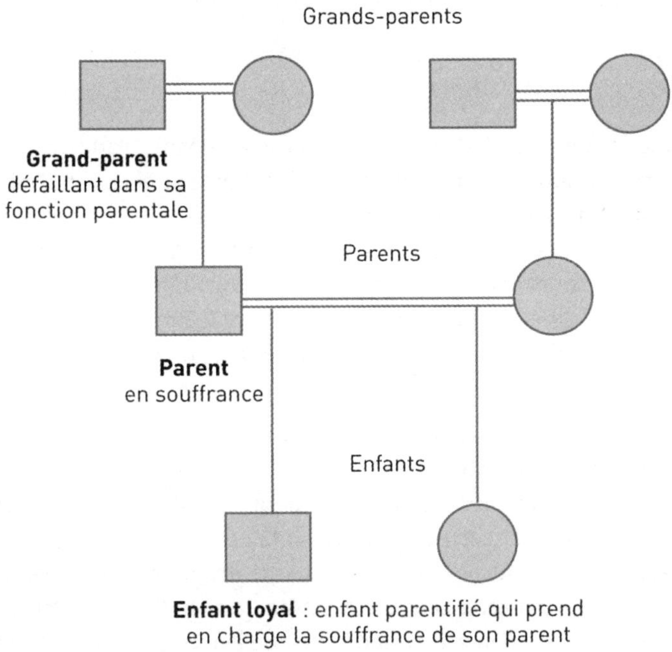

Chapitre 5

Vincent de Gaulejac

la névrose de classe

Le psychosociologue* Vincent de Gaulejac s'intéresse aux « trajectoires sociales ». Ses travaux s'appuient sur les récits de vie d'individus de milieux socioculturels divers, récits qui relatent des histoires familiales sur plusieurs générations.

Il a élaboré un concept clé, celui de « névrose de classe », et participe avec d'autres à un courant de recherche novateur en sociologie : la sociologie clinique*. La société post-moderne a vu les tensions psychiques et les risques d'exclusion s'accentuer considérablement avec la précarité de l'emploi. Les rapports de classes persistent mais ils se trouvent complexifiés car chacun doit se battre pour établir ou maintenir sa place à l'intérieur d'une classe, véritable « lutte des places ». On voit ainsi apparaître de nouvelles pathologies liées au stress, à la honte et à l'insécurité, car l'individu peut à tout moment être exclu de sa place et de sa classe. Après la société industrielle, hiérarchisée et répressive, est apparue une société oppressive qui condamne chacun à réussir. Aussi, lorsqu'on s'intéresse au psychisme de l'individu, on ne peut faire l'impasse des déterminants sociaux et familiaux : « Telle une poupée gigogne, l'histoire individuelle est emboîtée dans une histoire familiale, elle-même insérée dans une histoire sociale. »

La transmission

Tout individu « est le maillon d'une histoire qui a commencé avant lui et qui se transmet à travers lui et les siens », ce que Vincent de Gaulejac nomme « l'impératif généalogique ». Celui-ci concerne à la fois la vie (niveau biologique), le patrimoine (niveau social et culturel) et les identifications conscientes et inconscientes (niveau psychique). Les conditions de cette transmission sont l'interdit de l'inceste et la mémoire familiale.

La mémoire familiale

La mémoire familiale est constituée de souvenirs toujours actifs, de photos, de récits, de tableaux, de légendes... Elle permet de nous reconnaître comme appartenant à une même famille et donne ainsi un sens à notre passé et la possibilité de nous projeter dans l'avenir.

On remarque qu'il est plus difficile pour les enfants adoptés, dépossédés de cette fameuse mémoire familiale, de se situer dans une continuité généalogique et d'en assurer la transmission. Dans les familles marquées par des traumatismes majeurs (suicides, maladies mentales ou physiques, incestes, viols, déportation, etc.), il peut exister un refus de transmettre ce qui a fait souffrir, les descendants se croyant alors porteurs d'une malédiction qu'ils ne peuvent identifier. Dans d'autres familles, lorsque les parents descendent de deux lignées fortement opposées sur le plan social, idéologique ou culturel, les enfants éprouvent également des difficultés à se positionner, à recevoir et à transmettre. On observe aussi des troubles majeurs au niveau de la transmission de cette mémoire familiale dans les familles où la communication est altérée avec malentendus, rétention et occultation d'informations. Dans tous les cas, lorsque cette transmission ne peut être aménagée ou intégrée par l'individu, il peut y avoir un refus de transmettre à son tour et de se perpétuer. Vincent de Gaulejac parle alors d' « impasse généalogique ». Face à certains cas de stérilité, d'homosexualité ou de maladies lourdes, il y aurait donc lieu de s'interroger sur un refus de transmission par crainte inconsciente de ce qui va être transmis.

La névrose de classe

L'expression « névrose de classe » est ambigüe car, si la névrose* renvoie en psychanalyse* à des processus de structuration psychique, la névrose de classe, elle, correspond à « un tableau clinique qui décrit la symptomatologie des individus qui changent de position dans la structure de classe ». L'individu est partagé entre son désir de réussite sociale, le plus souvent étayé par le « projet parental », et son souci de rester fidèle aux origines de la famille, à une certaine classe sociale. Ainsi, quand un individu change de classe, il peut y avoir conflit entre une « identité héritée » provenant de son milieu d'origine et une « identité acquise » au cours de ses différentes expériences de vie.

Lorsque ce conflit est mal négocié, il aboutit à la névrose de classe dont le tableau clinique est le suivant :

- anxiété avec sentiment de culpabilité ;
- sentiment d'infériorité et, pour le compenser, construction fantasmatique d'un roman familial ;
- intrusion des composantes sociales dans le complexe d'Œdipe* ;
- clivage et isolement.

Certaines de ces caractéristiques sont plus ou moins accentuées selon les sujets et se manifestent de façon labile en fonction des périodes de vie abordées. Le conflit dans la névrose de classe est un conflit entre le modèle de réussite proposé par les parents (Idéal du Moi) et la crainte de les trahir si ce modèle se réalise (exigence du Surmoi).

Ce conflit génère une « culpabilité sociale » accompagnée d'une forte anxiété : peur de ne pas atteindre l'Idéal proposé et peur de ne plus aimer ses parents. Le plus souvent, la « culpabilité sociale » et la culpabilité œdipienne s'étayent réciproquement et se renforcent. Le sentiment d'infériorité, lorsqu'il est issu du décalage social, donne fréquemment lieu à une conduite d'acharnement au travail pour affirmer une supériorité. Le repli sur soi accompagné de rêveries permet d'inverser fantasmatiquement la position sociale d'origine, véritable roman familial dans l'imaginaire, et d'en supporter la réalité. La contradiction entre les deux classes est vécue en intériorité comme une coupure, un clivage, ce qui génère chez l'individu un sentiment d'étrangeté et de dédoublement. Il tente de corriger ce sentiment en investissant volontiers socialement et professionnellement des groupes qui assurent le lien entre les classes : activité éducative, sociale, culturelle ou politique.

Le projet parental

La famille est le lieu de « la fabrication des héritiers ». Chacun de nous hérite en effet d'un « projet parental » qui tient compte de ce que nos parents ont vécu avec leurs propres parents et qui est donc constitué de multiples projections*. Il est le produit de la culture et des croyances familiales et se joue à travers un projet paternel et un projet maternel. Ceux-ci sont parfois contradictoires, en opposition ouverte ou en compromis, et génèrent alors un conflit dont les enfants seront les héritiers, conflit qu'ils transmettront à leur tour à leurs propres enfants. Vincent de Gaulejac nomme ces conflits non résolus des « nœuds sociopsychiques ».

L'approche thérapeutique

Vincent de Gaulejac anime des groupes d'implication et de recherche qui visent à comprendre la « trajectoire sociale » de chacun, à démonter et à reconnaître l'interaction des divers facteurs sociaux, idéologiques, culturels et psychologiques. Ce travail explore la généalogie familiale, le projet parental, les choix existentiels, professionnels, amoureux et politiques à travers le récit familial (histoire que chacun raconte sur sa propre famille). Une telle exploration conduite au sein de groupes d'individus de milieux divers favorise la distanciation et l'implication. L'expérience singulière et subjective de chacun est remise en cause par tous, questionnée, validée ou invalidée, et ce, toujours dans une interaction constante. Cette multiplicité de lectures et de regards apportée aux différents récits permet à chacun de se dégager du sentiment de honte, lorsqu'il l'éprouve, de se découvrir dans sa singularité et d'oser se dévoiler devant les autres. Dans le cadre de ces séminaires, il est demandé aux participants de produire une représentation graphique de leur famille selon des consignes souples. Celle-ci permet de débusquer les vides, les erreurs, les « lapsus généalogiques », et de mieux cerner les stratégies mises en œuvre par la famille et par l'individu.

Ce support de travail permet ainsi de repérer les relations privilégiées, la reproduction de conflits sur plusieurs générations, les identifications, les confusions générationnelles et les éventuelles répétitions de symptômes*.

Grâce à cette approche, le sujet pourra effectuer un travail de dégagement de ce qui a pesé, un travail de compensation là où il y a eu des carences et un travail de reconnaissance et de consolidation des aspects positifs de son histoire familiale. Comprendre comment les différents facteurs ont été agissants pour soi et sa famille rend possible la maîtrise de son histoire personnelle.

En résumé

Une première génération d'un milieu socioculturel donné espère pour la génération suivante des conditions meilleures. La deuxième génération, pour répondre à ces aspirations, met en place un projet parental qui vise le changement de classe sociale. En troisième génération, il y a alors un risque de névrose de classe, c'est-à-dire un conflit entre l'identité d'origine, héritée des ancêtres, et l'identité acquise, développée au cours de l'ascension sociale.

La névrose de classe

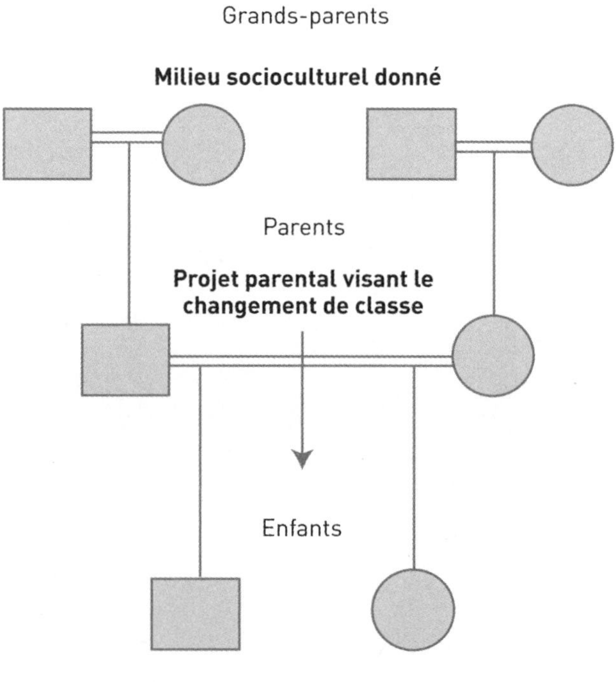

Chapitre 6

Robert Neuburger

le mythe familial

Robert Neuburger, psychiatre et psychanalyste, thérapeute de couples et de familles, enseigne aussi à l'Université libre de Bruxelles. Son travail clinique auprès des familles lui a permis d'explorer les mythes et les rituels familiaux et d'élaborer une pratique de type transgénérationnel.

Le mythe familial

Les différents types de mythes

Les mythes familiaux sont interdépendants des mythes collectifs qui varient selon les cultures et les époques. Ils se rapprochent du rêve et peuvent être assimilés à un rêve éveillé partagé par tous les membres d'une même famille. Véritable co-construction, les mythes familiaux sont transmissibles de génération en génération. Tout mythe, à l'intérieur d'une famille, véhicule un ensemble de croyances issues à la fois du mythe bâti par le couple, des mythes individuels de chacun des deux partenaires et des mythes de leur famille d'origine. Il arrive d'ailleurs que le système de valeurs de l'une des deux familles d'origine soit gommé au profit de l'autre.

Ce mythe familial assure la cohésion et l'identité de la famille et constitue un véritable mécanisme de défense vis-à-vis du monde extérieur, au même titre que les mécanismes de défense individuels. Il s'appuie sur des règles de comportement, des rôles et des modalités de communication qui sont toujours clairement spécifiés et respectés. Ceux-ci font figure de rituels et créent un sentiment d'appartenance pour chacun, un véritable ciment familial.

Certains mythes, en clinique familiale, sont plus fréquemment observés que d'autres :

- le mythe de l'harmonie familiale : « nous sommes une famille très unie » ;
- le mythe de la transparence : « nous partageons tout, nous nous disons tout » ;
- le mythe de la négation de la famille : « nous ne sommes pas une famille, nous sommes une famille de fous » ;
- le mythe de l'hostilité projetée : « méfions-nous des autres ».

Généralement, ces différents thèmes se superposent, s'entremêlent voire se contredisent. Une famille « normale » verra toujours son mythe évoluer et s'adapter avec le temps car il lui faut à la fois maintenir son identité et s'ajuster à un monde extérieur qui évolue. Il y a pathologie toutes les fois où le mythe se fige : la famille est alors écrasée par des règles devenues trop rigides, ce qui la mène parfois à une véritable « folie familiale », transmise quelquefois de génération en génération.

La transmission du mythe

Pour Robert Neuburger, la transmission du mythe est possible grâce à la mémoire familiale qui est un « processus de sélection de ce qu'il convient d'oublier ». Il remarque que, dans toute famille, chaque membre reçoit un double message : « Sois différent », c'est-à-dire « Sois fidèle à ta famille d'origine », et « Sois conforme », c'est-à-dire « Ne te fais jamais remarquer pour ne pas risquer de mettre ta famille en danger ». Selon lui et à l'inverse de nombreux thérapeutes, cette double injonction favorise notre créativité et nous permet d'échapper à la répétition. La pathologie s'installe dès lors que la mémoire familiale oublie de transmettre, efface l'un de ces deux messages. Ainsi, dans le cas des familles où seul le message « Sois différent » est transmis, chacun doit mettre en avant ses particularités ; les autres, issus du monde extérieur, sont alors perçus comme méprisables, invalidés et disqualifiés. La transmission de ce message exclusif favorisera des pathologies comme l'anorexie et la psychose*. Dans le cas des familles où seul le message « Sois conforme » est transmis, chacun doit s'appliquer à paraître le plus quelconque possible, gommer pour cela toute différence et correspondre exactement aux attentes du monde extérieur, à ce que la société préconise. Ici, la pathologie s'inscrira plutôt au niveau des comportements : fugues, délinquance, consommation de drogues ou suicides.

L'approche thérapeutique

Pour Robert Neuburger, tout travail thérapeutique passe nécessairement par l'approche et la compréhension du ou des mythes ayant cours dans la famille du patient, afin de les aménager et de les fluidifier, et non de les supprimer. Pour cela, le thérapeute est dans l'obligation d'aborder l'histoire des générations précédentes, d'en repérer les croyances, les répétitions, les blocages et de décoder les divers rôles, règles et rituels. Mais il doit se montrer prudent car des valeurs très affichées peuvent occulter des croyances inconscientes, beaucoup plus actives et sournoises. Robert Neuburger met l'accent sur des mythes aujourd'hui très actifs : celui de la famille nucléaire, celui du père idéal, celui de la fratrie harmonieuse et, enfin, celui de la prédestination.

Le mythe de la famille nucléaire

En ce qui concerne le mythe de la famille nucléaire (père, mère et enfants), on remarque que les difficultés rencontrées par les familles recomposées sont majoritairement dues aux efforts qu'elles fournissent pour ressembler à ce modèle. Pourtant, la famille nucléaire tend actuellement à disparaître pour faire place à une famille élargie et pluricomposée. Ce mythe devrait donc s'effacer progressivement.

Le mythe du père idéal

Le mythe paternel s'est considérablement modifié car aujourd'hui, le pouvoir du père se limite à un rôle de protection et de représentant social de la famille. Quatre modèles paternels sont répandus :

- le « père juge », défenseur de l'ordre moral et social ;

- le « père maffieux » qui ne se soucie que de sa famille ;
- le « père démissionnaire » qui s'en remet toujours aux instances sociales et ne s'implique jamais dans sa famille ;
- le « père absent » qui privilégie le monde professionnel et ne s'inscrit dans sa famille que pour y distribuer des sanctions.

Le mythe de la fratrie harmonieuse

En ce qui concerne la fratrie, l'idéal fraternel dans les familles se confond souvent avec le mythe collectif de la fraternité. En effet, l'entente dans la fratrie est pour beaucoup de parents synonyme de modèle. Ce fantasme de fraternité est d'autant plus répandu que les parents ont été des enfants uniques. Philippe Caillé, thérapeute familial, préfère donc parler de « fratitude » pour qualifier ce lien entre frère et sœur et lever toute confusion. D'après lui, et contrairement à ce que les parents désirent ou imaginent, il existe toujours une forte agressivité au sein d'une même fratrie, laquelle peut aller jusqu'à la violence, voire au désir de mort, ce que le psychanalyste Lacan a nommé le « complexe d'intrusion ».

Le mythe de la prédestination

Dans son travail avec les familles, Robert Neuburger a dégagé un autre mythe très prégnant, celui du destin, croyance selon laquelle notre vie est entièrement programmée et que nous ne pouvons échapper à la détermination. Selon lui, tout travail thérapeutique chemine dans le paradoxe suivant : « l'impossibilité de croire au destin et l'impossibilité de ne pas y croire un peu », plaçant tour à tour le patient dans la certitude de réussir à se libérer de ses entraves familiales et, au contraire, dans l'incertitude de ne pouvoir s'en dégager complètement. Ce qui importe pour Robert Neuburger serait plutôt d'objectiver cette croyance et de s'intéresser à ses conséquences dans la vie du patient.

L'abord du mythe et de ses rituels est donc au centre de la pratique thérapeutique de cet auteur, qui va même jusqu'à souligner la nécessité d'opérer « une greffe mythique » dans le cas des familles adoptantes, afin d'inscrire l'enfant adopté dans une filiation où celui-ci pourra faire siennes les croyances de sa nouvelle famille.

En résumé

Le mythe familial est un ensemble de croyances partagées par tous les membres d'une même famille. Au sein d'une famille, chaque individu est porteur d'un mythe individuel qui résulte de celui de son père, de celui de sa mère et de celui co-établi par le couple parental. Chaque parent a lui-même construit son mythe individuel à partir de celui de sa propre famille, paternelle et maternelle.

Le mythe familial

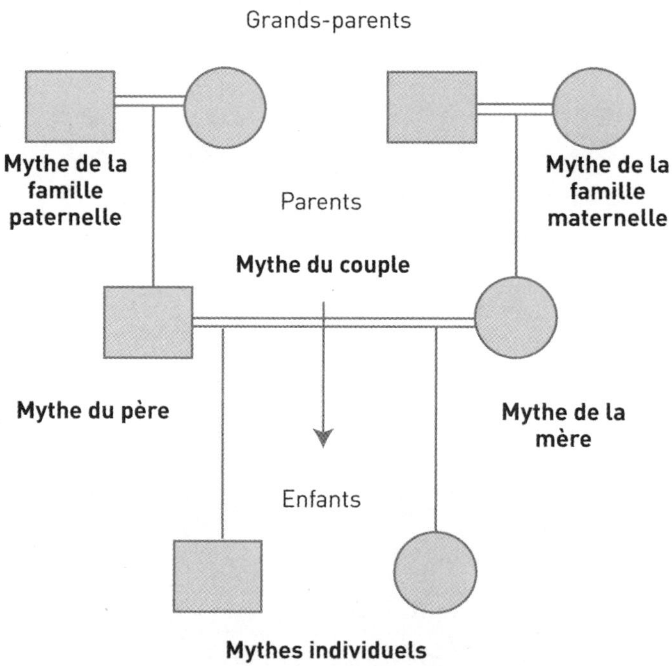

Seconde partie

… à la pratique

Cette seconde partie articule les différents concepts abordés précédemment autour des grands axes qui prévalent dans l'histoire individuelle et dans l'histoire familiale de chacun : l'union, l'enfance, les attentes parentales, le contexte social, les traumatismes éventuels et les inscriptions dans le temps. Ces thèmes, ainsi explicités avec des exemples concrets, parleront à tous ceux qui s'intéressent à la psychogénéalogie et permettront aux thérapeutes, quelle que soit leur orientation, de se familiariser avec l'outil transgénérationnel* et d'enrichir leur pratique.

Chapitre 7

Alliance et désalliance

Dans notre société, le couple s'est considérablement modifié autour de trois étapes charnières : « le couple chaînon » à la Renaissance, « le couple unité » établi par la Révolution, et enfin, « le couple duo » à partir des années 60.

Avec « le couple chaînon », l'union organise l'alliance entre les familles, en dehors de tout désir, afin d'éviter toute menace pour la famille et l'ordre social.

Au XVIIe siècle, le libre choix des conjoints est revendiqué et, plus tard, la Révolution instaure le mariage civil par libre consentement, ce qui entérine le refus de la tutelle parentale. Ce nouveau couple facilite la désaffiliation d'avec les familles d'origine et autorise la création d'une identité nouvelle, une seconde naissance sociale. C'est le « couple unité », deux en un, où chaque partenaire représente une moitié et pour lequel la procréation reste l'enjeu principal.

À partir des années 60, la femme est reconnue comme un sujet à part entière et l'on voit apparaître « le couple duo », véritable « couple conversation » selon le philosophe américain Stanley Cavell, au sein duquel il est question de construire une histoire partagée, ouverte au risque et transformable au fil du temps. La conversation des corps est également à l'ordre du jour avec la prise en compte des désirs et la réhabilitation de la sexualité. Dans ce couple, un et un font deux, et l'enjeu conjugal se sépare de l'enjeu parental. C'est d'ailleurs grâce à cette séparation des enjeux que l'émergence du couple homosexuel devient possible, accompagnée de la revendication actuelle d'une filiation. En pratique, le thérapeute se doit de tenir compte de ce contexte historique lorsqu'il aborde une thématique de couple à travers les générations.

La définition du couple

Sur le plan thérapeutique, lorsqu'on travaille la problématique du couple, on considère que celui-ci est une alliance choisie par deux partenaires et contractée par un engagement mutuel. Au premier abord, ce choix semble répondre tantôt à l'union des semblables (homogamie), tantôt à l'union des contraires (hétérogamie).

Le choix du partenaire

Freud avait déjà repéré que l'être aimé ressemblait au parent ou pouvait être son contraire, l'imprégnation des expériences de l'enfance se révélant déterminante. Ainsi, tout choix amoureux consisterait en un déplacement d'un investissement d'objet, de telle façon que celui qui aime le fait sur un mode symbolique, en référence à son expérience passée.

Actuellement, du point de vue psychanalytique*, le choix du conjoint est considéré comme un choix d'objet d'amour qui se réalise selon deux modalités complémentaires : le choix d'objet narcissique et le choix d'objet par étayage. Dans le choix d'objet narcissique, l'autre est choisi en référence à soi-même ou à une partie de soi-même : « je l'aime parce qu'il me ressemble ». Dans le choix d'objet par étayage, l'autre est choisi en référence aux figures parentales et à la relation entre parents et enfants (relation de soins, de protection ou d'interdits) : « je l'aime parce qu'il ressemble à l'un de mes parents » ou au contraire « parce qu'il diffère de mes parents ». Ces deux choix se superposent à des degrés divers selon les couples.

L'engagement mutuel

Lorsqu'on travaille sur l'engagement mutuel dans un couple, il est pertinent de considérer avec le thérapeute familial Siegi Hirsch qu'il s'agit d'un contrat qui se joue sur trois niveaux : conscient, préconscient et inconscient ; il est judicieux de mettre ce type de contrat à jour avec le consultant.

Le contrat conscient correspond à l'affirmation des qualités perçues chez l'autre : « il me plait parce qu'il est ceci ou cela ». À cette première affirmation s'ajoute un contrat préconscient porteur de conditions non affichées : « il me plait mais il n'est pas question de ... ». Mais le contrat le plus déterminant dans un couple est inconscient, car il est lié à des conflits qui prennent racine dans l'histoire transgénérationnelle de chacun. Ainsi, au cours de son travail psychogénéalogique, un consultant peut découvrir que son aversion pour un trait de caractère de son conjoint renvoie, de près ou de loin, à une caractéristique difficilement supportable de l'un des membres de sa famille, aimé ou détesté.

Le couple : contrat conscient et inconscient

Élise, 35 ans, consulte pour de fortes peurs irraisonnées qui perturbent son couple et dont elle se sent pleinement responsable. Elle est mariée depuis 8 ans avec Bruno, avec lequel elle s'est toujours sentie en parfaite harmonie. Elle définit son couple comme très fusionnel, se suffisant pleinement l'un à l'autre. Ils n'ont d'ailleurs pas encore envisagé ni souhaité la venue d'un enfant. Depuis quelques temps, Bruno a été promu dans son travail et doit se déplacer régulièrement pour des missions relativement longues. Chacun de ses départs fait l'objet de véritables scènes de ménage car Élise ne supporte pas l'idée même de son absence et Bruno soupçonne sa femme de le croire infidèle et lui reproche son manque de confiance.

Un travail avec Élise sur son couple et sur la façon dont les autres couples de sa famille se sont constitués a permis de dégager le jeu des contrats conscients et inconscients dans cette problématique. Élise rapporte que ses parents ont été très peu disponibles pour elle ou son frère et à chaque fois que ceux-ci les sollicitaient, la réponse était toujours la même : « ta mère est fatiguée, je dois m'occuper d'elle », ou encore : « laissez votre père tranquille, il a déjà suffisamment à faire avec son travail ». Ses parents lui semblaient très unis, ils ne connaissaient aucun désaccord, tout se passait comme s'ils étaient une seule et même personne. Le contrat conscient reposait en quelque sorte sur un accord réciproque du type « occupes-toi seulement de moi ».

Élise n'avait pas connaissance de l'histoire familiale de ses parents, n'ayant rencontré que très occasionnellement ses grands-pères paternels et maternels au cours de son enfance. En questionnant ses parents, elle découvre que les couples de ses grands-parents ont été tous les deux traversés par une tragédie. Sa grand-mère paternelle est morte jeune, lorsque son fils avait sept ans, et sa grand-mère maternelle est partie en abandonnant sa fille alors âgée de neuf ans.

Ces deux épisodes ont été occultés par ses parents, incapables jusqu'alors de les évoquer auprès d'Élise et de son frère parce que trop douloureux. De plus, les parents d'Élise confient qu'ils ont adopté entre eux un silence volontairement pudique afin de se préserver l'un et l'autre. Le contrat inconscient et tacite du couple des parents repose donc sur une expérience commune d'abandon, en résonance directe avec le contrat conscient de ne jamais se quitter et de prendre soin exclusivement de l'autre.

À la lecture du génogramme* et en revisitant l'histoire des couples de la famille, Élise a progressivement pu se désengager de sa peur injustifiée d'abandon au sein de son couple. Elle a réalisé que cette peur n'était pas la sienne mais qu'elle appartenait à un héritage familial inconscient. Aujourd'hui, Élise accepte plus sereinement les départs répétés de Bruno.

Le couple : contrat conscient et inconscient

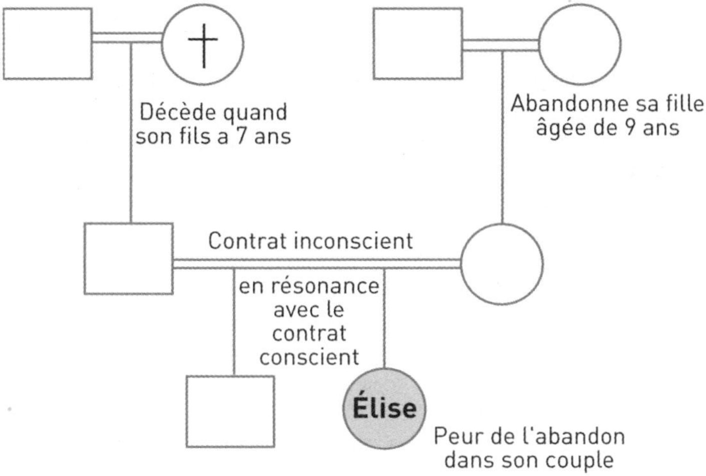

Les règles au sein du couple

Il est également pertinent d'envisager le contrat établi par le couple à la manière de Jay Haley, thérapeute familial américain, comme un système de règles érigé par les deux partenaires. Quelles sont les règles explicites, décidées d'un commun accord (contrat conscient) ? Quelles sont les règles implicites, non verbalisées mais toujours sous-jacentes (contrat préconscient) ? Enfin, quelles sont les règles de transaction, méconnues par les partenaires mais repérables par le thérapeute (contrat inconscient) ?

C'est la mise à jour de ces règles qui va permettre au consultant de mieux appréhender les difficultés de son couple. Les conflits dans un couple sont le plus souvent liés aux désaccords concernant les règles explicites. Ces désaccords peuvent concerner le contenu de ces règles, la personne qui les érige ou leur maintien lorsqu'elles deviennent injustifiées. Mais si le conflit s'est noué autour de règles implicites ou de règles de transaction, il s'avère généralement beaucoup plus profond que le consultant ne l'imagine : il est inaccessible et incompréhensible pour lui. C'est le plus souvent à l'occasion d'un événement clé de la vie du couple, comme par exemple la naissance d'un enfant, son départ, la perte d'un emploi, etc., que ce conflit, latent depuis bien longtemps, se révèle. Les causes réelles du différend sont occultées au profit de cet événement et restent à décrypter avec le thérapeute. Ce travail contribuera à une nouvelle élaboration de la relation et des règles qui y participent.

La collusion du couple

On peut encore envisager la relation de couple à la manière du psychiatre suisse Jürg Willi. Selon lui, le couple se construit sur le modèle de la collusion : il s'agit « d'un jeu commun inavoué, gardé mutuellement secret » entre deux partenaires « sur la base d'un conflit profond de même nature qui n'a pas été résolu ». Chacun donne l'impression qu'il est exactement le contraire de l'autre, impression bien illusoire car les deux partenaires se sont en fait rencontrés sur une thématique identique, mais l'un s'exprime sur le mode régressif tandis que l'autre le fait sur un mode progressif. Ainsi, dans un couple inscrit dans une problématique de parentification, l'un se posera en enfant et l'autre en parent, ces deux rôles pouvant être interchangeables lors d'un changement de partenaire ou lors d'un événement important au sein du couple.

Couple collusif et parentification

Pierre a divorcé d'Anne avec laquelle la vie en couple est rapidement devenue impossible. Selon lui, elle vivait dans une totale dépendance à son égard et dans une attente permanente de réassurance. Elle interprétait chacun de ses retards comme un signe de désaffection, dans la crainte omniprésente d'une éventuelle rupture. Pierre avait été séduit par sa fragilité et il aimait par-dessus tout prendre soin d'elle. C'est pourtant cette même fragilité qu'il lui a reprochée lorsqu'il l'a quittée pour Laure.

Actuellement, Pierre s'interroge sur le départ incompréhensible de Laure après trois ans de vie commune. Il traverse des moments dépressifs intenses avec sentiments d'incompréhension et d'autodépréciation. En visualisant son génogramme*, on remarque que la mère de Pierre a dramatiquement perdu sa propre mère lorsqu'elle avait cinq ans et qu'elle ne s'est jamais remise de ce décès. Pierre dit qu'il s'est toujours préoccupé d'elle et qu'il la percevait, enfant, comme extrêmement fragile. C'est ce souci permanent pour sa mère qui s'est exprimé dans sa première alliance avec Anne : sans s'en apercevoir, son second choix s'est s'inscrit dans une problématique identique, mais à l'inverse de sa relation avec Anne : c'est Laure, cette fois, qui s'est inquiétée et qui a pris soin de lui. Les deux choix successifs de Pierre s'articulent autour de son expérience d'enfant parentifié. Chez lui, cette parentification a fait écho aux problématiques d'abandon vécues par Anne et par Laure. En effet, le père d'Anne est décédé jeune d'une maladie. Quant à Laure, elle n'a jamais connu son père. Ainsi, Pierre a vécu son premier couple sur un mode actif, progressif (il a pris soin de sa femme), puis il a vécu son second couple sur un mode passif, régressif (sa femme a pris soin de lui). Il a eu l'illusion, avec ce second couple, d'avoir déjoué les pièges de sa première union alors que la distribution des rôles a simplement été permutée.

Couple collusif et parentification

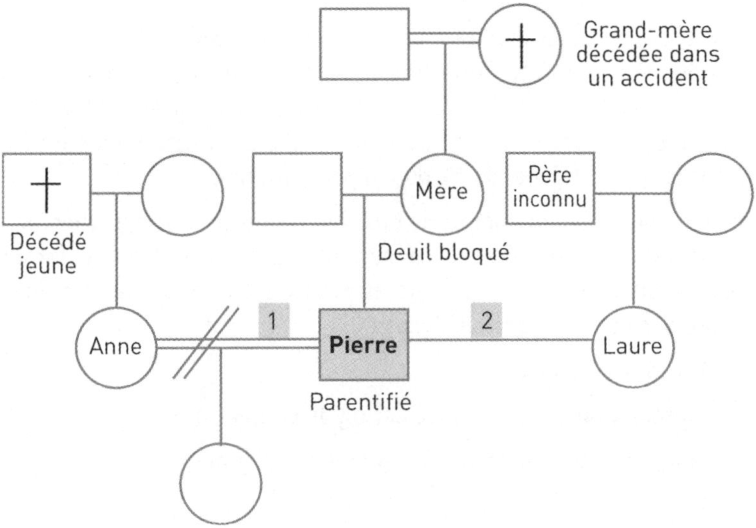

Il appartient au thérapeute de repérer ce que Jürg Willi nomme la « personnalité d'interaction », celle qui ajuste différemment son comportement en fonction des partenaires choisis, tout en restant toujours sur la même thématique d'alliance. Ce type de personnalité peut donc être amené à répéter un même type d'alliance tout en ayant l'illusion d'en avoir changé radicalement. Le consultant affirmera volontiers : « mon deuxième mariage est très différent du premier car mon nouveau conjoint prend enfin soin de moi alors qu'avant, c'était toujours moi qui devais prendre soin de mon ex-mari ».

L'imprégnation du modèle familial

Dans l'approche clinique transgénérationnelle, on ne peut pas faire l'impasse de l'imprégnation des modèles familiaux dans la constitution du couple. En effet, le partenaire choisi fait écho à l'histoire personnelle du consultant mais aussi à son histoire familiale, laquelle comporte nécessairement une succession d'alliances sur plusieurs générations, susceptibles d'influencer l'alliance de chacun. Ainsi, un consultant engagé dans un couple collusif sur le mode de la parentification peut découvrir un deuil bloqué chez l'un de ses parents, deuil renvoyant lui-même à une disparition brutale et traumatisante à la génération précédente. Tout se passe comme si chacun rencontrait un partenaire « ajusté » à sa problématique et donc capable d'y répondre, problématique largement dépendante du jeu générationnel.

Pour comprendre au mieux une problématique de couple, le thérapeute devra donc questionner le consultant sur les couples que forment ses parents, ses grands-parents et éventuellement ses arrière-grands parents, selon les critères suivants :

- la forme du couple ;
- l'interaction ou la co-construction du couple ;
- la relation du couple avec les familles d'origine ;
- le contexte culturel du couple ;
- l'évolution du couple.

La forme du couple

Construire le génogramme* avec le consultant permet de visualiser objectivement chacun des couples par rapport à son histoire familiale et de réfléchir à la façon dont ils se sont construits et comment ils fonctionnent.

Les « couples sans histoires »

Il existe des « couples sans histoires » qui, comme les familles sans histoires, regorgent de non-dits, de tabous, de secrets. Pour eux, « cela ne se fait pas de poser des questions », on parle le moins possible et le silence tient lieu de règle, implicitement énoncée par le couple et respectée par l'entourage. Ces couples ont souvent été confrontés à des événements graves, douloureux voire honteux qu'ils ont préféré occulter. Et si la vérité est énoncée, ces événements font alors l'objet d'un déni sévère.

Les « couples impossibles »

Le génogramme peut aussi déceler des « couples impossibles » qui ne réussissent pas à s'inscrire dans une alliance durable, comme les éternels célibataires ou les familles monoparentales. Face à ces alliances impossibles dans la famille du consultant et face à la souffrance de celui-ci due aux échecs sentimentaux récurrents, le thérapeute doit se poser la question de ce qui a pu générer un tel interdit. L'étude des différents couples de la famille mettra peut-être à jour une peur profonde de s'engager, en rapport avec des deuils ou des divorces faisant rapidement suite aux mariages, et ce, sur plusieurs générations. Dans d'autres familles, la préférence des femmes pour assurer seule la fonction de père et de mère, que celle-ci soit affichée ou méconnue, pourra être mieux comprise si le génogramme révèle une déficience de la fonction paternelle dans les générations précédentes.

Les couples sans enfants

Si la stérilité ou la peur de concevoir a été le motif de consultation, elle indiquera parfois un refus de filiation inconsciente en lien avec des événements dramatiques dans la famille. Ainsi, un consultant dont l'un des deux parents est mort peu de temps après sa naissance craindra de mourir ou de voir mourir sa femme si celle-ci attend un enfant. Une stérilité peut également être éclairée par la présence d'un ou plusieurs enfants à fort handicap dans les générations précédentes et le refus, pour les descendants, de courir à nouveau un tel risque.

Les « couples en rupture »

Le génogramme d'un consultant dévoile quelquefois des « couples en rupture » : c'est le cas des couples séparés ou divorcés, des remariages successifs ou des familles recomposées. La visualisation de ces répétitions aidera le thérapeute à identifier le processus de rupture spécifique à la famille, processus susceptible d'être à nouveau actualisé par le couple du consultant. Dans tous les cas, il importe de repérer s'il existe, dans le génogramme, un mode d'alliance ou de désalliance préférentiel.

L'interaction ou la co-construction du couple

Le jeu relationnel

Pour le thérapeute familial Philippe Caillé, le couple ne se réduit pas à la somme des deux partenaires et il existe un tiers important à identifier dans l'approche thérapeutique : le jeu relationnel coproduit par les deux conjoints. Selon sa formule, « un et un font trois ». Les règles de ce jeu relationnel dépendent des représentations familiales et culturelles que les deux partenaires ont du couple. Celles-ci ont été intériorisées et constituent un véritable système de référence, le plus souvent inconscient, qui détermine les attitudes, les choix et le positionnement de chaque partenaire dans le couple. En revisitant son histoire familiale au travers des alliances établies, le consultant dira volontiers : « dans mon couple, ma femme est plutôt comme... et d'ailleurs dans ma famille, les femmes avec leurs maris sont effectivement souvent comme... ». Ce jeu relationnel n'est jamais décidé par un seul des partenaires, il est coconstruit et chacun dans le couple est à la fois agi et agissant. Les comportements de l'un ne peuvent s'établir et perdurer sans que l'autre ne les entretienne : il existe toujours une interaction, un jeu circulaire dans lequel chacun renforce l'attitude de l'autre.

Une responsabilité partagée

Le couple ainsi posé, sauf dans les situations extrêmes ou pathologiques, ne permet plus de considérer les difficultés traversées en terme de responsabilité unique. Dans les cas d'infidélité, par exemple, chacun des deux partenaires est impliqué dans cette situation qui découle, là encore, d'un jeu relationnel complémentaire mais cette fois négatif. Il n'y a jamais une seule victime ou un seul maître du jeu, mais il existe bien plutôt un accord tacite entre deux partenaires, où chacun, dans des proportions variables, est à la fois celui qui subit et celui qui impose. Se soumettre, laisser faire ou subir est une forme d'action tout aussi dévastatrice qu'abuser ou imposer sa domination.

Après avoir tracé son génogramme et dégagé les formes d'alliance privilégiées dans sa famille, puis après avoir identifié le jeu relationnel avec ses règles et ses interdits, le consultant peut alors travailler sur son histoire personnelle. Constater sa part de responsabilité dans les dysfonctionnements de son couple est un travail sensible et douloureux qui peut être facilité par la compréhension des couples des générations précédentes. Grâce à cette approche, le thérapeute aidera le consultant à dépasser progressivement sa blessure narcissique et à se repositionner en acteur de sa vie, ce qui lui permettra de s'ouvrir au processus de changement et de réaménagement.

Le couple et les familles d'origine

Le processus de différenciation de la famille

Pour exister à part entière, le couple doit se démarquer de ses familles d'origine. Un des enjeux majeurs consiste en effet à donner à chacun des deux partenaires l'opportunité de se construire une identité nouvelle en revisitant ses liens avec sa famille, en les réaménageant et en les trahissant si nécessaire. La fixation aux modèles parentaux et aux règles familiales entrave la construction et l'évolution du couple, et seule la distanciation avec les images parentales permet de reconnaître l'autre et de l'accepter dans sa réalité propre. Sans cette différentiation, les fixations œdipiennes* risquent de disqualifier le partenaire qui ne sera alors jamais reconnu, aimé pour ce qu'il est réellement. Le couple doit s'interroger de façon permanente sur ses liens de filiation et d'affiliation et être capable de les remettre en question s'il veut éviter ou dépasser plus souplement les crises.

L'aménagement des loyautés

Lorsqu'un consultant évoque de fortes tensions entre son couple et l'entourage familial et lorsqu'il s'en inquiète, le thérapeute transgénérationnel pourra, comme le fait Ivan Boszormenyi-Nagy, passer en revue les diverses relations existant entre les générations ; il y décèlera peut-être d'éventuelles dettes psychologiques susceptibles de générer un tel déséquilibre, ce qui permettra au consultant de dépasser la crise. Les deux partenaires d'un couple doivent aménager leurs loyautés aux familles d'origine, les loyautés verticales, afin de faciliter entre eux l'émergence d'une loyauté nouvelle, la loyauté horizontale. Ce travail est complexifié lorsque ces loyautés sont cachées ou inconscientes,

« invisibles ». Ainsi, dans le cas d'une loyauté verticale forte où le consultant est anormalement ou excessivement lié à sa famille d'origine, la loyauté horizontale est rendue difficile et sa partenaire peut en souffrir. Face à ce dysfonctionnement parental, les enfants puis les petits-enfants risqueront de reproduire à leur tour ce modèle, celui-ci étant le seul auquel ils peuvent se référer.

Dans un couple, chacun est donc dans l'obligation de réorganiser ses liens familiaux et amicaux en se distanciant de certains et en s'investissant dans d'autres. Le couple doit inventer une vie qui lui soit propre et qui ne se résume ni à la somme de deux vies célibataires, ni à celle des deux familles. La force de l'investissement dans l'alliance dépendra de ce qui a été abandonné ; il importera également de « créer ou de fortifier une frontière autour du couple », comme le souligne le thérapeute familial américain Salvador Minuchin. Une analyse conjointe des frontières, celles du couple du consultant et celles des couples des générations précédentes, guidera le travail du thérapeute. Par exemple, lorsque le consultant ne réussit pas à prendre sa place dans son couple, l'analyse révélera le plus souvent une forte perméabilité entre les générations et les inévitables confusions qui en découlent. Il pourrait s'agir d'une famille au sein de laquelle les grands-parents paternels prennent en charge « très généreusement » leurs petits-enfants, interférant systématiquement dans leur éducation, et disqualifient leur fils dans son rôle de père et, corrélativement, dans sa position de conjoint.

Les relations avec les familles d'origine sont donc essentielles à considérer à travers le panorama transgénérationnel, car l'équilibre du couple en dépend. En cas de conflit, il conviendra de dégager le jeu des loyautés et la qualité des frontières pour mettre en évidence les éventuelles défaillances ou carences.

Le contexte culturel du couple

Le contexte socioculturel détermine largement la répartition des rôles dans un couple ainsi que le partage des tâches. La représentation que chacun se fait de l'autre sexe, au-delà des représentations acquises dans sa famille, dépend en effet largement de la culture et de ses stéréotypes et a de fortes répercussions sur le couple. Le sexisme implicite, voire explicite, dans la définition des rôles masculin et féminin au sein d'une alliance est évident. La littérature comique a toujours beaucoup joué sur ce ressort en inversant tout simplement le stéréotype : l'homme dans un rôle féminin ou la femme dans un rôle masculin. Par ailleurs, il existe peu de cultures dans lesquelles les deux sexes se partagent équitablement les tâches au sein d'un couple ou d'une famille. Ainsi, une véritable cartographie transgénérationnelle des rôles respectifs de chacun et de la répartition du « qui fait quoi à la maison » peut être établie avec le consultant. Il est à noter qu'un des motifs les plus répandus de conflit, voire de rupture, réside aujourd'hui dans cette répartition non équitable des tâches. Les enjeux de pouvoir, en ce qui concerne cette répartition, peuvent être extrêmement subtils et les dégâts provoqués amorcent souvent un processus récursif, en cercle vicieux : si l'un se refuse à remplir une tâche ou une corvée, il la délègue à l'autre mais il se trouve alors chargé à son tour d'assumer une autre charge, plus lourde encore. C'est le début d'une escalade dans un conflit sans fin. Le thérapeute devra donc aider le consultant à identifier ces dysfonctionnements et ces dissymétries, au regard des habitudes et des stéréotypes les plus prégnants dans sa famille au travers des générations, afin de s'affranchir de positions rigides, injustifiées ou inéquitables.

L'évolution du couple

L'approche clinique a permis d'établir que les couples traversent des étapes successives qui sont garantes du maintien de la relation dans le temps et de l'équilibre. Les thérapeutes rencontrent souvent des consultants, en difficulté dans leur couple, qui pensent que le couple n'existe que par le sentiment d'aimer et/ou d'être aimé : selon eux, cette condition suffit à elle seule pour garantir la pérennité de la relation. Le travail thérapeutique consiste alors à amener le consultant à envisager la possibilité que son couple soit resté figé à un certain stade d'évolution et qu'un changement est nécessaire pour faire perdurer la relation. Identifier l'étape bloquée et les processus en lien avec les histoires personnelles et familiales du ou des partenaires permettra souvent un réaménagement de la relation et facilitera le passage à une étape plus mature.

En thérapie transgénérationnelle, il importe de réfléchir à la façon dont les couples se sont constitués dans les générations précédentes : quels ont été leurs modes de fonctionnement et dans quelle phase ont-ils pu s'inscrire, durablement ou non ? S'agit-il d'une phase de rencontre, d'illusion, de désillusion ou encore de solidarité ? Ce repérage dans l'histoire familiale se révèle particulièrement efficace dans la mesure où il permet au consultant de comprendre ses propres difficultés et de faire évoluer son alliance.

La phase de la rencontre

Le temps de la rencontre est celui des affinités immédiates, vécues parfois comme un véritable coup de foudre. Certains multiplient ces rencontres, se disent incapables d'aller au-delà et développent ainsi un véritable comportement d'échec face à toute situation d'ancrage. Cette difficulté à nouer une relation durable est souvent liée à une problématique d'abandon, car ce qui est ici redouté avant tout est que l'autre parte si la relation s'officialise.

La phase de l'illusion

La phase d'idéalisation réciproque qui suit la rencontre est celle où chacun vit l'autre comme le partenaire idéal, susceptible de satisfaire toutes les attentes et de combler tous les besoins. Certaines personnes n'envisagent pas la relation à deux autrement que dans le cadre d'une passion, réciproque ou non, et brisent tout lien dès que le mode passionnel s'assombrit ou s'éteint. Une problématique de ce type est en rapport avec des fixations œdipiennes fortes car la relation au père ou à la mère, ou à la figure de substitution, a été telle que le modèle idéalisé est devenu le seul possible.

La phase de la désillusion

L'étape de désidéalisation du partenaire est celle où l'autre apparaît tel qu'il est réellement, au-delà des projections*, des attentes et des premières illusions. Lorsque le décalage est trop important entre cette perception de l'autre et les perceptions fantasmées ou projetées, il y a possibilité de rupture. Dans ce cas, le partenaire désinvestit l'autre ; ce désinvestissement s'accompagne généralement d'une agressivité à la hauteur de sa déception, ce qui n'empêche pas d'éprouver quelquefois un sentiment de culpabilité à l'égard de l'autre. Le discours du consultant est d'ailleurs souvent accusateur : « c'est à cause de mon conjoint que... ». Dans les cas où la rupture n'a pas été envisagée, le couple du consultant s'est figé et les partenaires sont restés unis dans un attachement nostalgique à la phase d'idéalisation, dans un déni partagé. Le discours du consultant est alors souvent mélancolique et évocateur du bonheur passé : « avant on était... ».

La phase de la solidarité

Si les deux partenaires ont été capables de dépasser cette phase de désidéalisation, ils peuvent alors s'engager dans une dynamique évolutive qui autorise la maturation progressive de leur couple. C'est la phase de la solidarité entre les partenaires, phase qui signe la maturité du couple, construite sur les intérêts communs, le réseau relationnel du couple et ses habitudes. Néanmoins, ce temps ne s'accompagne pas toujours de bienveillance réciproque et la haine peut même s'y glisser.

Le choix d'un compagnon est sans doute l'acte le moins libre de notre vie car chacun, à travers l'autre, tente de solutionner les problématiques et les conflits issus de son histoire familiale. Même si le couple se revendique comme novateur et libre de toute référence, il se réfère toujours aux schémas familiaux générationnels, ce qui engendre de nombreuses difficultés...

Chapitre 8

La relation parents-enfant

Tout parcours de vie s'inscrit dans un cycle marqué par des temps forts tels que la naissance, l'enfance, l'adolescence, la maturité, la parentalité, la retraite et la vieillesse. L'entrée dans chacune de ces périodes oblige tout individu à un ajustement, ajustement qui met en jeu la capacité de transformation du groupe familial. Avec la naissance du premier enfant, les partenaires d'un couple accèdent au statut de parents et basculent leurs propres parents au rang de grands-parents. Ils sont alors perçus comme des adultes à part entière et marquent ainsi leur indépendance vis-à-vis des familles d'origine. En même temps et paradoxalement, ils renforcent leur insertion au sein de ces familles et accentuent, de ce fait, leur dépendance. Dans tous les cas, l'accès à ce nouveau statut de parent sera lié à la façon dont les générations précédentes y ont accédé et aux éventuels conflits qui s'y rapportent. Ainsi, l'accès à la parentalité peut correspondre à une obligation de transmission, à un véritable désir ou encore être redouté et écarté. En pratique, le thérapeute retiendra trois axes pour guider son travail et mieux comprendre les rôles tenus par les parents à travers les générations. Ces axes se réfèrent aux trois dimensions inhérentes au rôle parental : la dimension biologique, la dimension éducative et la dimension symbolique.

La dimension biologique fait référence au père en tant que géniteur et à la mère en tant que génitrice. Actuellement, avec les méthodes assistées de procréation et le phénomène des mères porteuses, le statut de parent pose de réelles questions juridiques et psychologiques, ainsi que des problèmes d'éthique.

La dimension éducative recouvre les soins et l'éducation assurés quotidiennement auprès de l'enfant et de l'adolescent. On comprend d'emblée que celle-ci n'est pas toujours remplie par le ou les parents biologiques mais parfois par d'autres membres de la famille, voire par un substitut parental.

La dimension symbolique renvoie aux diverses représentations qu'ont les parents, biologiques ou non, de leur enfant, et aux attentes qui influencent inévitablement la construction d'une identité.

La dimension biologique

Au cours d'un travail thérapeutique, lorsque le consultant évoque ses origines, il raconte ce qu'on lui en a dit ou ce qu'on lui en a laissé deviner. Certains rapportent leur naissance avec de nombreux détails et parfois même leur « avant-naissance », leur « pré-existence », tandis que d'autres préfèrent taire leur ascendance mal connue ou inconnue (enfants adoptés, issus de la procréation assistée, etc.) ou encore inventent, imaginent, fantasment. Dans tous les cas, le thérapeute partira à la découverte de ces histoires, heureuses ou douloureuses, qui racontent les origines des divers membres de la famille, pour mettre en relief celle du consultant et, dans les cas extrêmes, lever la souffrance qui l'entoure. Il importe de construire ce récit originel pour éviter, comme le soulignait la pédiatre et psychanalyste Françoise Dolto, « de ne plus savoir à qui l'on doit le fait d'être au monde ».

Le fantasme de l'enfant désiré

Le consultant imagine volontiers avoir été désiré par ses deux parents. De fait, le stéréotype de l'enfant co-désiré par son père et sa mère appartient davantage au mythe qu'à la réalité. Pendant longtemps, l'enfant s'est imposé à la femme. Depuis les années 60 et avec l'apparition de la contraception, l'enfant choisi est revendiqué et on évoque volontiers le « désir d'enfant ». Aujourd'hui, cette volonté d'avoir un enfant et le choix du nombre d'enfants semblent dépendre plutôt de la femme que de l'homme. Cela peut s'expliquer par le fait que la perception de la réalité d'un enfant s'amorce plus tôt chez la femme, du fait même de la grossesse : l'enfant existe pour elle bien avant sa naissance, alors que pour l'homme il n'existe le plus souvent qu'à partir de la naissance, et parfois même plus tard. Freud avait déjà remarqué que la paternité ne pouvait s'engager que par un processus de pensée. Il existe donc un décalage réel entre les partenaires masculin et féminin.

Les cas d'enfants « non désirés »

« L'enfant accident »

Au-delà des cas où la naissance du consultant a été souhaitée par les deux parents, il existe de nombreuses autres éventualités. Le consultant a peut-être été un « enfant accident », rendu responsable après coup de l'union : « on ne serait jamais resté ensemble sans toi ». Cette responsabilité pèse d'autant plus que le couple a souffert d'une forte mésentente ou même d'un échec.

« L'enfant instrument »

Autre configuration, « l'enfant instrument » : le consultant (enfant) a été utilisé consciemment ou inconsciemment comme moyen pour arriver à des fins. Ce peut être le cas d'une mère qui a voulu sauver son mariage, ou d'une compagne qui, par sa grossesse, a obligé son compagnon à s'engager vis-à-vis d'elle. L'enfant peut également avoir été utilisé pour régler une histoire d'héritage, comme véritable monnaie d'échange, ou même dans les cas extrêmes pour soulager une maladie, comme « enfant médicament ».

Dans tous les cas, la problématique vécue par le consultant est celle de la dévalorisation. Le plus souvent, celui-ci n'a été ni aimé, ni reconnu, ni même simplement respecté. Il faudra alors s'intéresser aux générations précédentes pour mettre en lumière les éventuelles dévalorisations qui ont pu prévaloir chez les parents ou les grands-parents, et la façon dont elles se sont jouées et transmises dans les relations parents-enfants.

La négation de la fonction paternelle

Dans d'autres cas, la fonction du père du consultant a été réduite à celle de géniteur : le père n'a pas voulu ou n'a pas pu assumer sa paternité, ou la mère l'a écarté de sa fonction éducative, préférant assumer seule cette fonction de père et de mère. Ce phénomène s'est amplifié, dans une certaine mesure, avec l'avènement de la contraception et de l'aide médicale à la procréation, ces techniques ayant déstabilisé l'équilibre traditionnel de la complémentarité homme-femme.

Les motivations toujours complexes, conscientes ou inconscientes, qui aboutissent à la disqualification de la fonction paternelle doivent être interprétées avec prudence, au regard des familles d'origine des deux parents. L'image de l'homme dans son rôle de père s'est-elle déjà trouvée invalidée dans les générations précédentes et pour quelles raisons ? Le contexte social et culturel ne doit pas être négligé. Par ailleurs, ce jeu relationnel dissymétrique entre père et mère a pu être validé grâce à la complicité des deux acteurs du couple sur plusieurs générations. Il est des cas, encore plus délicats et complexes, où un couple de femmes homosexuelles aura sollicité un homme géniteur, avec ou sans l'assentiment de celui-ci, et où la fonction éducative du père aura été transférée à l'une et/ou l'autre des partenaires.

Le cas des enfants « hyper désirés »

La procréation assistée

Le consultant peut aussi être issu d'un couple qui a eu recours à l'insémination, à la procréation assistée. Ici, que le couple soit homosexuel ou hétérosexuel, il s'agit de tout faire pour avoir un enfant, et le consultant aura alors été un « enfant hyper désiré », voire un « objet sur commande ». Ce désir, érigé en besoin, fait de lui un véritable « enfant prothèse ». Le thérapeute devra donc se pencher sur le statut de l'enfant dans les générations antérieures et voir si celui-ci a été investi, surinvesti ou non-investi. Il sera également pertinent de rechercher les différentes loyautés, voire les surloyautés qui ont pu être exigées en contrepartie. Le surinvestissement du consultant (enfant) a parfois mené celui-ci à être « formaté » pour répondre aux seules exigences de ses parents, à être, en quelque sorte, un « produit narcissique » au service de ses géniteurs.

L'adoption

Dans les cas où le consultant a été adopté, il faut prendre en considération sa double histoire, tant sur un plan réel, ce qu'il en connaît et ce qu'on lui a raconté, que sur un plan imaginaire et fantasmatique, ce qu'il s'est lui-même raconté. Dans ce type de problématique, l'aménagement des origines multiples est complexe. Le jeu générationnel de la famille adoptante a parfois facilité l'ancrage du consultant dans une filiation intergénérationnelle en favorisant des identifications fortes sans renier pour autant ses origines biologiques. Les phrases comme « je ressemble beaucoup à mon grand-père » ou « mon grand-père se reconnaît dans mon goût pour... » représentent des indices réels de cet ancrage. À l'inverse, ce jeu relationnel a pu jouer défavorablement et déstabiliser largement l'établissement et l'étayage d'une identité pour le consultant.

Le cas des enfants maltraités

Enfin, aborder l'origine du consultant peut s'avérer particulièrement douloureux lorsque celle-ci révèle des abus ou des violences sexuelles, qui ont été le plus souvent occultés. La démarche avec le consultant est alors sensible car elle concerne, au-delà de l'établissement de son origine, la souffrance et la honte. Dans les cas de violences internes à la famille, on constate souvent des précédents et seul un travail générationnel peut permettre au consultant d'accepter son origine et de s'en affranchir.

La dimension éducative

La nature des liens familiaux

Il importe que le consultant comprenne avec le thérapeute la nature des liens qui l'ont uni à ses parents lorsqu'il était enfant, et qu'ils recherchent ensemble, dans les générations antérieures, les relations parents-enfant qui s'en rapprochent, qui se reproduisent à l'identique ou qui s'en éloignent. On peut ainsi identifier des relations enchevêtrées qui se répètent sur plusieurs générations avec une proximité extrême entre parents et enfants et de réelles intrusions. Mais on peut également détecter des relations de surprotection : il s'agit d'un mode de relations particulier dans lequel la sensibilité des parents à la détresse éventuelle de leurs enfants est très forte et où le conflit est redouté. Parfois, l'évitement du conflit devient systématique, au point d'interdire tout désaccord entre parents et enfant, signant par là l'impossibilité de tolérer des comportements originaux en dehors de la norme familiale. On peut encore déceler des relations rigides qui ont pour principe d'écarter tout changement et donc toute possibilité d'ajuster ces liens. Repérer ces divers types de relations aide à comprendre les dynamiques et les stratégies relationnelles privilégiées par le consultant, tant dans ses relations amicales, amoureuses ou professionnelles, que dans ses relations avec ses éventuels enfants.

Le rôle de l'enfant au sein du couple

Lorsque le couple des parents a été largement invalidé par un conflit conjugal, il sera pertinent de dégager la façon dont le consultant enfant a pu y être impliqué. A-t-il fait office de bouc émissaire (déviation du conflit) ou a-t-il été sollicité et mobilisé par chacun des deux parents comme allié contre l'autre (triangulation), à moins qu'il ne se soit ligué durablement avec l'un des parents et qu'il ait rejeté l'autre (coalition) ?

Un enfant s'attribue toujours la responsabilité du dysfonctionnement du couple de ses parents et il est prêt à tout pour en rétablir l'harmonie. En effet, il arrive fréquemment que l'enfant soit mêlé à de sévères règlements de comptes et lorsqu'il échoue dans son entreprise de réconciliation, la dépression peut s'installer avec un risque réel de suicide. Ce risque sera considérablement accru si le conflit de loyauté dans lequel il est engagé se révèle insoluble. Ainsi, lors d'un divorce, l'enfant se retrouve parfois face à une alternative impossible : choisir le parent avec lequel il va vivre et renoncer à l'autre (toute décision le rendra déloyal envers le parent non retenu). Il est important que cette décision soit prise avec l'aide d'un tiers juridique ou psychologique, pour que l'enfant ne porte pas seul le poids de ce qu'il pourrait considérer être une trahison. Ainsi, pour l'enfant, l'effet pathogène de toute situation de désaccord entre parents réside dans la mise à l'épreuve de sa loyauté, car être loyal à l'un signifie inévitablement être déloyal à l'autre. Pour échapper à ce conflit de loyauté, l'enfant glisse parfois dans l'indifférence, signifiant par son attitude la perte de confiance en ses deux parents et dans les adultes d'une façon générale. Dès lors, une loyauté clivée se met en place.

Lorsqu'un consultant a largement souffert des conflits conjugaux de ses parents, il est important de rechercher si ses parents ont eux-mêmes, enfants, été le jeu de tels dysfonctionnements.

La surloyauté

Une autre particularité de la relation du consultant avec ses parents est celle où la loyauté verticale, envers les parents, prédomine largement sur la loyauté horizontale, envers le conjoint et les amis. Tout se passe comme si le consultant était prisonnier de sa famille d'origine, incapable de s'en distancier sans être aux prises avec une forte angoisse. Cette angoisse de séparation, qui se manifeste dans tous les domaines de vie, s'avère prépondérante dans les transactions avec les parents et peut souvent être mise en rapport avec des expériences traumatisantes dans les générations précédentes (abandon, guerres, violences).

Cette « surloyauté » à la famille d'origine atteint son apogée dans les cas de parentification, lorsque le consultant est devenu le parent de son propre parent et a développé une véritable disponibilité sacrificielle : il s'est oublié pour prendre soin de son parent. Les consultants parentifiés évoquent souvent les attitudes contradictoires de leurs propres parents qui leur demandaient à la fois de mener une vie normale à l'extérieur de la famille (sortir, avoir des amis) mais aussi de ne pas les quitter. Ces injonctions paradoxales ou « double lien » enferment et immobilisent l'individu.

Certaines stérilités peuvent être éclairées par ce type de problématique où la surloyauté à l'égard des parents interdit inconsciemment de procréer, le risque étant, en devenant parent d'un ou plusieurs enfants, de se rendre indisponible pour ses propres parents.

Conflit de loyauté et stérilité

Depuis qu'elle est enfant, Nicole désamorce les conflits incessants de ses parents. Elle a été littéralement prise en otage par sa mère qui évoquait devant elle les infidélités répétées de son mari et qui attendait d'elle une prise de position contre lui. Cette mère a tout sacrifié pour son couple afin d'égaler ses propres parents et obéir à la règle de sa famille d'origine : « chez nous, c'est à la vie à la mort ». Nicole a également été prise en otage par son père qui se plaignait de la froideur de sa mère et de son incapacité à le satisfaire, ce qui, à ses yeux, justifiait amplement ses incartades. Il comptait sur Nicole pour le faire comprendre à sa femme. Les parents du père ont connu un divorce long et difficile au cours duquel ce dernier a préféré vivre chez son père, délaissant dans le même temps une mère largement invalidée par une dépression.

Nicole a épousé Jean-Louis il y a déjà huit ans mais elle passe le plus clair de son temps chez ses parents qui la sollicitent toujours autant. Elle continue de désamorcer leurs conflits et les empêche, grâce à ses interventions répétées, de se quitter. Nicole et Jean-Louis n'ont toujours pas d'enfant, malgré des examens médicaux exempts de toute anomalie.

Un travail sur le génogramme de Nicole atteste de sa surloyauté à l'égard de ses deux parents. Elle se sent garante de leur union, comme investie de ce devoir d'obligation. Malgré son mariage, Nicole conserve symboliquement la place qu'elle occupait enfant. Cette place d'enfant triangulé lui évite ainsi de trahir père et mère, de se montrer déloyale en affirmant sa loyauté à l'un ou à l'autre. En restant l'otage de ses parents, il lui est impossible de se positionner en mère d'un futur enfant. Cette surloyauté est en résonance avec les conflits de loyauté que ses parents ont eux-mêmes vécu : son père a pris le parti d'être loyal à son père et déloyal envers sa mère ; quant à la mère, elle atteste une loyauté inconditionnelle au mythe familial du couple uni pour l'éternité. Ainsi, dans cette histoire familiale, le devoir de loyauté des enfants à l'égard des parents pèse lourd et sur plusieurs générations. C'est ce même devoir de loyauté générationnelle qui invalide largement le couple de Nicole et sa filiation à venir.

Conflit de loyauté et stérilité

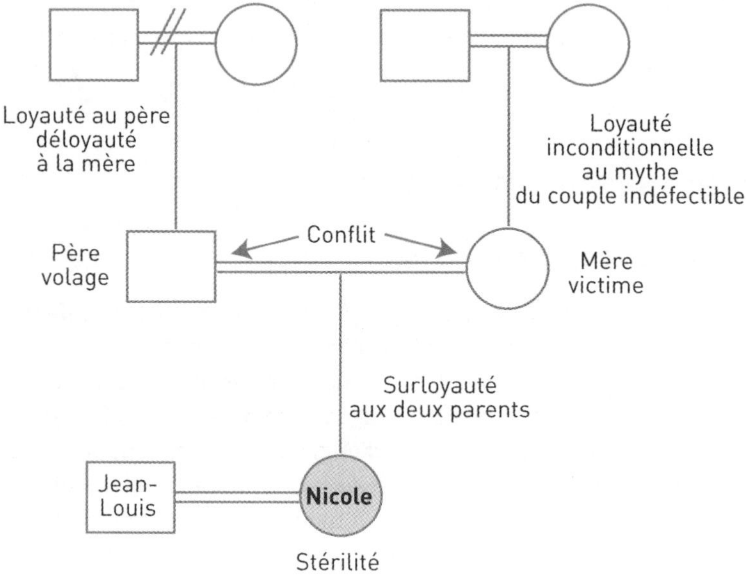

Un autre cas très particulier concerne les consultantes qui ont connu des troubles de la conduite alimentaire, allant d'une simple décompensation à une pathologie sévère. On repère dans leurs familles des dysfonctionnements caractéristiques sur trois générations, avec des frontières perméables entre parents et enfants (confusion des places et des rôles). Souvent, le père et la mère connaissent un attachement important à leur famille d'origine et acceptent volontiers une forte intrusion des grands-parents, voire des oncles et des tantes, avec des prises d'autorité multiples. Le système familial est fermé au monde extérieur, les désaccords sont vécus comme de véritables menaces et sont cachés, on évite de manière quasi phobique les conflit. On remarque également une collusion avec la mère, vécue par la consultante comme indispensable mais pourtant menaçante ; le père est généralement exclu ou s'exclut en tant que tiers.

Dans les cas extrêmes de familles où les relations parents-enfants rendent la différenciation de plus en plus difficile au fil des générations, le risque d'apparition d'une symptomatologie de type schizophrénique est majoré.

La dimension symbolique

L'ancrage générationnel

Sur le plan thérapeutique, aborder les relations parents-enfants au regard de la fonction symbolique consiste à envisager avec le consultant l'image et le rôle de l'enfant au fil des générations. Avoir un ou plusieurs enfants et les éduquer selon certaines valeurs relève souvent de modèles issus des familles d'origine. Quelques parents en sont même prisonniers et auront, par exemple, autant d'enfants que leurs parents et/ou des valeurs et des habitudes éducatives similaires, témoignant par ces « choix » leur fidélité familiale et bénéficiant alors d'un renforcement de leur ancrage générationnel. Leurs enfants pourront à leur tour être fidèles à ces mêmes injonctions parentales, verbalisées ou non, et les reproduire à l'identique avec leurs propres enfants.

Une telle loyauté inconditionnelle à la famille, maintenue sur plusieurs générations, constitue une sorte de « maladie de l'idéalité » qui est en général associée à un mythe de perfection : « chez nous, il n'y a jamais eu de problèmes, on a toujours été une famille très unie ». Dans une démarche thérapeutique, il est nécessaire de vérifier avec le consultant s'il existe un modèle familial répété sur plusieurs générations ou si, au contraire, chaque génération a inventé son propre modèle. Dans les cas de contre-scénario, lorsque le modèle familial retenu est exactement l'inverse du précédent en réaction à celui-ci, il existe chez le consultant un sentiment de démarquage mais il ne s'agit là que d'une illusion, car la référence à la famille d'origine reste toujours omniprésente. Par exemple, une famille où les frontières entre parents et enfants sont clairement identifiées peut donner lieu, à la génération suivante, à une famille dans laquelle les frontières sont perméables voire inexistantes.

La compensation

Le deuil

Dans d'autres cas, avoir un enfant répond à une nécessité impérieuse. Celui-ci est peut-être là pour réparer des blessures paternelles ou maternelles, ou bien une blessure commune aux deux parents. Le père ou la mère a par exemple connu un deuil douloureux dans sa génération (frère, cousin, ami proche), ou un deuil dans la génération de ses parents ou de ses grands-parents, et aura compensé, consciemment ou inconsciemment, avec la naissance de l'enfant, le vide laissé par ce décès.

La maternité

Pour certaines mères, le besoin absolu d'enfant peut aussi se confondre avec un besoin de grossesse(s) qui n'est pas sans rappeler la conduite addictive, car le seul moyen pour elles de se sentir épanouies sera de répéter à n'importe quel prix ce moment exceptionnel de fusion avec l'enfant.

Le thérapeute recherchera donc avec le consultant comment la maternité a été vécue par les femmes de sa famille, s'il y a eu des accidents ou des drames. Il sera également nécessaire d'explorer la façon dont les femmes ont investi leur rôle de jeunes mères : naturellement, librement, dans la contrainte ou de façon dramatique. Il conviendra également d'évoquer la manière dont les hommes de la famille ont accepté leur paternité.

Mais si le temps de la grossesse est idyllique pour certaines femmes, il peut aussi être vécu de façon angoissante pour d'autres qui craignent, par exemple, des anomalies génétiques ou un manque de savoir-faire de leur part à l'égard de l'enfant à venir.

Le devoir

Certains parents se sentent parfois débiteurs vis-à-vis de ceux qui les ont mis au monde ; ils se croient ainsi dans l'obligation de payer leur dette transgénérationnelle en donnant la vie à leur tour, sans se soucier aucunement de l'enfant. Il leur arrive quelquefois de refuser de garder l'enfant qu'ils ont eu et de faire littéralement don de celui-ci à leurs propres parents pour qu'ils l'élèvent, se plaçant ainsi comme frères ou sœurs de leur enfant.

Quand cela se produit dans la famille du consultant, le thérapeute devra l'interroger sur les raisons de ces abandons : difficultés matérielles, heurts, rivalités, etc., ainsi que sur les raisons et les circonstances de sa naissance.

La projection

Dès la naissance, le nourrisson est souvent l'objet de projections* multiples de la part des divers membres de sa famille quant à son physique. Il est comme « partagé », « mis en morceaux » par ses parents, ses oncles, ses tantes, ses grands-parents qui se reconnaissent ou voient des êtres aimés ou détestés dans sa morphologie, ses traits ou ses expressions : « il a les oreilles de son grand-père, les mains de sa mère, le timbre de voix de sa sœur... ». Plus tard, l'enfant est imprégné d'attentes, de projections quant à ses attitudes, ses goûts, son caractère et même son devenir ; il lui est alors difficile d'affirmer une identité qui lui soit propre tout en restant loyal aux diverses attentes de sa famille.

La différenciation

La part de l'influence familiale dans l'élaboration de l'identité du consultant s'évalue grâce au degré de différenciation plus ou moins grand qui existe dans les relations entre lui et sa famille d'origine. Une relation fusionnelle entre le consultant et un ou plusieurs des membres de sa famille indique une faible différenciation du consultant. À l'inverse, des relations autonomes avec la famille attestent d'une bonne différenciation du consultant. Dans le cas d'une différenciation faible, il sera important de rechercher si le consultant a été exposé à un véritable legs générationnel d'angoisse (angoisse chronique de ses parents, de ses grands-parents et même, parfois, de ses arrière-grands-parents).

Il est à noter que certains enfants, dans une même fratrie, y sont plus exposés que les autres parce qu'ils sont plus réceptifs à la souffrance de leurs parents mais surtout parce qu'ils sont plus souvent l'objet des projections et des attentes familiales. Il est intéressant de repérer ces enfants plus fragiles à travers les générations et de dégager les jeux interactifs relationnels établis à leurs dépens. Il s'agit souvent de jeux de triangulation mis en place toutes les fois où la relation entre les parents comporte une forte angoisse et nécessite le recours à un tiers, l'enfant, celui-ci ayant pour fonction de faire baisser la tension installée entre les deux protagonistes. Mais ces jeux de triangulation peuvent également être instaurés à l'intérieur d'une fratrie, avec comme tiers un parent, un oncle, un frère ou une sœur... Tous sont relativement inapparents et latents, en dehors des périodes de crise, d'où l'intérêt de dégager avec le consultant les événements clés de la vie familiale pour révéler ces triangulations dont il a parfois été victime. Ces jeux ont pu être immuables ou au contraire instables, en recherche perpétuelle d'un nouveau tiers à l'intérieur ou à l'extérieur de la famille. Cette approche originale de l'angoisse à l'intérieur du contexte familial permettra au consultant de se décharger d'une part d'angoisse qui ne lui revient pas et d'accéder dans le même temps à une réelle autonomie dans ses relations avec sa famille d'origine.

La fratrie

Le jeu relationnel inter-fraternel est loin d'être exempt de conflits et la façon dont les parents les gèrent reflète la manière dont le couple parental s'arrange de ses propres conflits : diversion, négociation, intervention, menace, chantage, violence, etc. On note que les parents les plus mobilisés par les rivalités de leurs enfants ont souvent été des enfants uniques ou des enfants issus de familles dans lesquelles les craintes fratricides et les fantasmes d'inceste fraternel étaient marqués, en référence ou non avec des épisodes réels. De fait, la tâche paradoxale des parents consiste à éviter la violence et la fusion de la fratrie. Ainsi, tous les parents, à travers les générations, se préoccupent des relations entre leurs enfants en se référant aux valeurs et aux expériences familiales passées.

Il importe donc d'étudier le jeu relationnel au sein de la fratrie du consultant au regard des autres fratries de sa famille. Le thérapeute interrogera également le consultant sur sa position dans la fratrie : a-t-il été l'aîné, celui qui a permis à ses parents d'accéder au statut de père et de mère, ou bien est-il né à la suite de nombreux frères et sœurs ? Les projections parentales vis-à-vis d'un enfant sont souvent liées à la place qu'ils occupaient dans leur propre fratrie. Un parent s'identifiera ainsi plus facilement à son aîné s'il a lui-même été l'aîné, ou à son benjamin s'il a lui-même occupé ce rang.

Le jeu relationnel dans la fratrie et les projections parentales

Magali, 45 ans, consulte pour « retrouver la paix dans sa famille ». Mère de deux adolescentes de 14 et 17 ans, elle souffre de leur mésentente qui s'est déclarée dès leur plus jeune âge et devant laquelle elle s'est toujours sentie impuissante. Depuis quelques mois, ces disputes sont devenues violentes, si bien que l'une des adolescentes, la seconde, refuse de vivre plus longtemps sous le toit familial. Elle menace sa mère de fugue, se plaint d'injustice à son égard et s'est même mise à agresser physiquement sa sœur aînée.

Magali se sent d'autant plus désarmée que son mari refuse d'intervenir « dans ces conflits de bonnes femmes ». D'ailleurs, selon les dires de sa femme, « il n'a jamais fait face à aucun conflit ». Un travail sur le génogramme* révèle dans la famille du mari, fils unique, un conflit ouvert et permanent dans le couple de ses parents, conflit dont il s'est toujours protégé en se réfugiant dans les familles de ses amis. À 17 ans, il est parti définitivement étudier dans une autre ville.

Lorsqu'on aborde la fratrie de Magali, elle reconnaît que la relation avec sa sœur a toujours été conflictuelle : elle a bénéficié de l'amour inconditionnel de sa mère tandis que sa sœur ne subissait que brimades et critiques. Quant à son père, déçu de ne pas avoir eu de fils, il s'est totalement désinvesti de l'éducation de ses filles et passait plus de temps au bureau qu'en famille.

En évoquant les fratries à travers les générations, Magali comprend peu à peu qu'elle a rejoué, à son insu, avec ses filles, le jeu relationnel que sa mère avait mis en place entre elle et sa sœur. Comme sa mère, Magali a porté aux nues son aînée et a littéralement nié la seconde. Pour comprendre cette attitude et désamorcer ce jeu relationnel injuste sur deux générations, il a été nécessaire d'aborder la fratrie de la mère de Magali. Celle-ci se souvient que sa mère se plaignait du traitement de faveur réservé à son frère cadet, dans une famille où seuls les garçons comptaient. La mère de Magali a en quelque sorte compensé aveuglément ce déséquilibre en inversant les préférences. Magali, quant à elle, sans se soucier ni même avoir imaginé la souffrance de sa sœur, a reproduit avec ses filles le schéma maternel à l'identique.

Le jeu relationnel dans la fratrie et les projections parentales

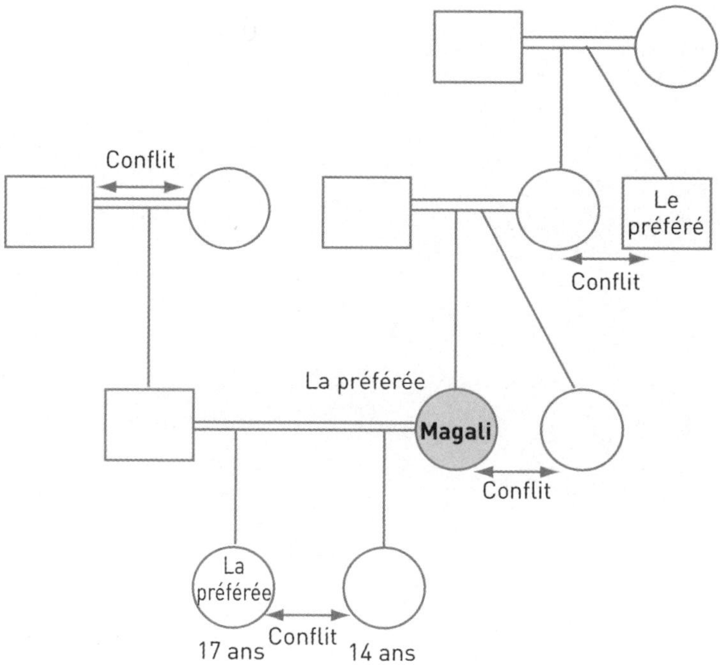

En outre, il arrive que des parents aient été soumis dans leur propre fratrie à une compétition permanente, ce qui les poussera souvent à reproduire ce schéma avec leurs enfants, en les comparant régulièrement, en leur attribuant ou en leur refusant certaines qualités ou compétences, et même en les « classant » les uns par rapport aux autres. Dans certaines fratries, le dernier arrivé devra ainsi se montrer particulièrement créatif pour s'inventer une place bien à lui, les autres étant déjà toutes prises par les aînés, ou devra accepter d'entrer dans la compétition induite par les parents pour ravir la place d'un frère ou d'une sœur. Dans tous les cas, le lien fraternel aura permis au consultant de se construire soit dans le conflit, la bagarre et donc le refus de l'autre, soit dans l'acceptation de cet autre, dans sa spécificité et sa différence.

Chapitre 9

Les prénoms et la filiation

D'après le Petit Robert, le prénom est « un nom particulier joint au nom patronymique servant à distinguer les différentes personnes d'une même famille ». Cette définition souligne d'ores et déjà la fonction majeure du prénom : désigner chacun des membres d'une famille de façon unique afin d'éviter toute confusion de rang ou de génération. Si le choix d'un prénom est en général dévolu aux parents, celui-ci reste néanmoins influencé par la famille, les traditions, le contexte social et culturel, ainsi que par les us et coutumes d'un pays ; il inscrit l'individu dans une appartenance à un groupe ou une communauté, mais il peut aussi l'en dégager. Contrairement à ce que beaucoup d'entre nous imaginent, un prénom est rarement inaugural car il fait le plus souvent référence à une mémoire passée. Sa signification doit être décryptée avec le thérapeute à travers ses sonorités, les légendes historiques ou familiales auxquelles il se rattache et les associations qu'il suggère. Si l'exploration du ou des prénoms d'un consultant s'avère significative, ceux-ci ne permettent en aucun cas d'incarner à eux seuls un destin. Ne seront donc proposées dans ce chapitre que des pistes de réflexion et des hypothèses de travail à soumettre au consultant et à travailler prudemment.

Projet et projections

Le prénom reflète le plus souvent les attentes des parents à l'égard de l'enfant. Celles-ci peuvent être conscientes et explicites, on parlera de projets, ou inconscientes et tues, il s'agira de projections*. Les parents assimilent parfois l'enfant à un personnage de la famille – ou à une personne extérieure à la famille – et l'investissent ainsi, officiellement ou non, d'un rôle qui n'est pas le sien. Ils peuvent le charger d'une véritable mission inconsciente : réussir là où ils ont échoué, réaliser leurs rêves ou réparer leurs souffrances. Lorsque les demandes des parents sont explicites, il est plus facile pour les enfants de les accepter ou de les rejeter, et de s'imposer à travers des choix de vie qui soient véritablement personnels.

Le choix du prénom

Les parents face au prénom

Classiquement, le prénom du consultant a été choisi par ses parents. Mais il existe d'autres cas de figure, également significatifs pour celui qui a été nommé, révélateurs de l'histoire familiale. Il importe donc pour le consultant de connaître celui, celle ou ceux qui ont choisi son prénom et les circonstances dans lesquelles il lui a été attribué. Les divers témoignages à ce sujet renseignent sur le positionnement des parents vis-à-vis de l'enfant.

Lorsque le consultant, enfant, a été désiré par le couple, il y a de fortes chances que son prénom ait fait l'objet d'un accord entre les deux partenaires. Y a-t-il eu concertation ou, au contraire, conflit avec prédominance de la volonté de l'un sur celle de l'autre ? On constate que la plupart des consultants ignorent souvent comment leur prénom a été choisi et préfèrent imaginer qu'il a été le fruit d'une décision commune. Traditionnellement, le père choisit plus volontiers le prénom du garçon et la mère celui de la fille. Il sera judicieux de déterminer alors si une telle délégation a été faite dans l'accord ou le désaccord, ce qui renseignera sur les relations entre les parents et sur leurs attentes à l'égard du consultant lorsqu'il était enfant. On peut par exemple avoir été l'enfant de son père tandis qu'un autre de sa fratrie aura été dévolu d'un commun accord à la mère.

Prénom et projections

Jules et Claire consultent au sujet de leur fils William car ils ne savent plus « comment le prendre ». Contrairement à ses aînés qui ont toujours été des enfants « sans histoire », selon les dires des parents, William s'affiche comme un enfant résolument différent avec lequel « aucun dialogue n'est possible et tout est toujours problème ». Les parents se sentent terriblement démunis et ne savent plus comment faire pour établir un lien harmonieux avec lui. Ils se sentent très coupables de cette situation et sont avides de conseils.

William, 10 ans, se plaint de ne jamais être compris et d'être toujours comparé à son frère Jules et à sa sœur Nathalie : ses résultats scolaires ne sont pas à la hauteur de ceux de ses aînés et ses parents le lui reprochent quotidiennement. Il est souvent puni et considère ces sanctions comme injustes.

Un travail sur les pratiques éducatives au sein de la famille, sur plusieurs générations, a mis en évidence le jeu des projections parentales. Le père considère son fils aîné Jules comme le détenteur des valeurs familiales de la branche paternelle et le garant de leur pérennité. La mère pose Nathalie en héritière de la lignée maternelle : « elle a ses yeux et la détermination de sa grand-mère ; comme toutes les filles de la famille, elle est très ordonnée et a un grand souci de son apparence ». Elle ne détonnera pas dans cet univers féminin pour lequel le soin et l'élégance sont des valeurs essentielles. Lorsqu'on interroge les parents sur William, les ressemblances sont plus difficiles à évoquer et les attentes parentales sont imperceptibles : tout se passe comme si cet enfant ne ressemblait décidément à personne, comme si on n'en attendait rien. William est comme exclu de cette famille, sans attache à la branche paternelle ni maternelle, sans appartenance visible, et il renforce lui-même cette exclusion en rejetant sa fratrie et ses parents.

En quelques séances au cours desquelles l'enfant a été convié avec ses parents, un réajustement familial a pu se faire. William commence à se sentir enfin membre de sa famille et ses conduites provocatrices se sont estompées car ses parents ont renoncé à le comparer et ont souligné sa singularité comme une identité à part entière dont il devait être fier.

Le choix des prénoms dans cette famille reflète bien les projections parentales qui ont été mises en évidence au cours de ce travail. En effet, l'aîné se prénomme Jules comme le père et le grand-père : son père a choisi son prénom, c'est l'enfant du père. La cadette, Nathalie, a été prénommée par la mère : elle porte le prénom d'une grand-mère qui a marqué l'histoire familiale. Quant à William, il est le seul à avoir un prénom sans référence à l'histoire familiale car celui-ci a été choisi à une époque où les parents devaient s'installer à Londres pour des raisons professionnelles. Ce projet qui les faisait rêver n'a malheureusement jamais vu le jour car le père a été licencié dans les mois qui ont suivi

la naissance de William, et le prénom William est resté comme une empreinte indélébile de cet espoir déçu, de cette exclusion.

Prénom et projections

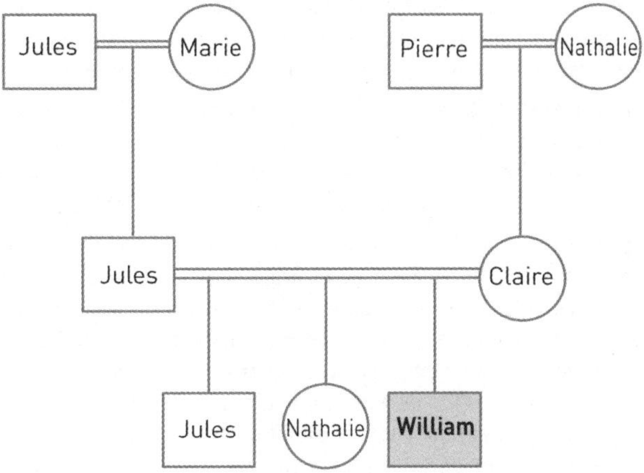

La personne qui nomme

À l'arrivée d'un nouveau-né, il arrive quelquefois que les parents craignent une rivalité ou une jalousie dans la fratrie. Ils délèguent ainsi le choix du prénom à l'un de leurs aînés. Ce faisant, ils placent celui-ci involontairement dans une position ambigüe de parent car ils lui octroient des responsabilités qui ne sont pas les siennes tout en se disqualifiant dans leur fonction parentale.

Il arrive aussi que le consultant ait été prénommé par un grand-parent. L'acte de filiation symbolique qui reconnaît comme parent celui qui nomme l'enfant est alors faussé et le rôle parental peut s'en trouver amputé, parasité par une intrusion fréquente de l'aïeul dans l'éducation de l'enfant, ce qui génèrera inévitablement une confusion des rôles, les parents se positionnant comme « frères et sœurs » de leur propre enfant.

Parfois, les parents souhaitent reconnaître un ami ou un proche ou valident un parrain ou une marraine à qui ils offrent la possibilité de nommer l'enfant, prenant ainsi le risque que celui-ci se sente lésé et exclu du désir parental.

Dans les cas extrêmes, lorsque les parents ont fait défaut, le prénom du consultant a pu être choisi dans l'indifférence, avec plus ou moins de bienveillance, par un membre du personnel soignant ou administratif.

La forme du prénom

Le prénom, par sa forme et ses sonorités, est porteur de sens et cette lecture peut être abordée, comme pour l'interprétation des rêves, en référence à une symbolique collective, culturelle ou en lien avec une symbolique personnelle, propre à l'histoire du sujet et à celle de sa famille. Ce sens doit être dégagé et confirmé par un travail mené avec le consultant : que sait-il de son prénom et quelles associations génèrent-elles en lui ?

Le mythe et la religion

Certains prénoms évoquent immédiatement un mythe, une légende ou un saint : Ulysse, Achille, François, Thérèse, etc. Dans ce cas, il est intéressant de vérifier si le prénom a été choisi pour sa seule sonorité ou parce qu'il était en vogue, la connaissance des mythes ou de l'histoire religieuse ne paraissant pas toujours être prépondérante. Parfois, la référence mythique ou religieuse a été expressément mise en avant, traduisant ainsi des attentes parentales particulières. Arthur, Lancelot, prénoms très à la mode depuis quelques années, peuvent ainsi avoir été retenus pour les mythes chevaleresques qu'ils évoquent. Quant à Joseph ou Marie, prénoms qui ont traversé de nombreuses générations, ils traduisent la croyance des parents et leur désir d'assurer la protection de l'enfant.

L'étymologie

Le choix d'un prénom peut aussi être déterminé par l'étymologie, de façon consciente ou inconsciente. Valérie ou Valéry, du latin *valere* qui signifie « bien se porter », peut alerter sur une éventuelle maladie ou la crainte de celle-ci au sein de la famille. L'intention des parents du consultant était-elle de protéger l'enfant ou de régénérer leur descendance ? Claire, du latin *clarus* qui signifie « clair », ou Lucie, du latin *lux* qui signifie « lumière » peuvent traduire un souci de clarification dans une famille où la confusion règne depuis plusieurs générations : ce sont des prénoms qui cachent parfois un secret.

Les prénoms composés

Certains consultants portent des prénoms composés avec deux prénoms accolés, cette forme particulière indiquant d'emblée une dualité. Les parents se sont-ils mis d'accord sur un compromis ou bien se trouvaient-ils dans l'incapacité de trancher ? Le consultant, à travers cette double identité, est-il porteur d'attentes conflictuelles ou de projections contradictoires, sources pour lui d'interrogations, voire de confusion ? Une consultante peut ainsi porter un prénom associant deux personnes de sa famille de personnalités très opposées ou inconciliables, comme par exemple le prénom Marie-Thérèse, Marie étant le prénom d'une grand-mère maternelle et Thérèse celui d'une grand-mère paternelle.

Dans d'autres cas, le choix d'un prénom composé signale la volonté de réunir deux personnes qui ont été, à une autre génération, brutalement séparées par une mort précoce non acceptée, une rupture amoureuse, un exil. Il s'agira par exemple d'un consultant nommé Pierre-Henri, Pierre étant le prénom de son grand-père décédé jeune lors d'un accident et Henri celui de son père. Par ce choix, Pierre-Henri se trouve porteur du deuil bloqué de son père et chargé en quelque sorte de l'en soulager.

Un prénom composé peut également avoir été choisi comme pour doubler les chances de vie de l'enfant et, là encore, le thérapeute explorera avec le consultant l'hypothèse de traumatismes familiaux.

Les prénoms masculin-féminin

D'autres prénoms jouent, par leur forme ambigüe, sur l'identité masculine ou féminine. Ils possèdent une orthographe commune aux deux sexes comme Claude, Dominique, Camille ; sont homophones comme Daniel et Danielle, Frédéric et Frédérique, ou encore sont des prénoms masculins féminisés comme Victorine issue de Victor, Charlotte de Charles, etc. Ces derniers reflètent souvent la préférence des parents pour un sexe, consciente ou non : attente d'un garçon et naissance d'une fille. Ils masquent parfois une crainte pour le sexe féminin, en lien avec une histoire familiale douloureuse comme le décès fréquent des filles dans une même lignée ou l'abus sexuel de celles-ci. Quand ces prénoms féminisés reprennent des prénoms masculins de la famille, ils évoquent quelquefois un enfant de remplacement, par exemple la reprise pour une consultante du prénom d'un frère aîné décédé. Au-delà de l'ambiguïté sur le sexe, il en résulte une confusion des places à l'intérieur d'une génération ou entre les générations.

Autour des syllabes

Un travail détaillé sur la forme des prénoms peut conduire le consultant à produire des associations à partir des syllabes de son prénom et des prénoms de ses proches. Il est alors possible de déceler certains thèmes prévalant dans la famille, par exemple celui de l'argent avec des prénoms comme Laure, Aliénor, Eléonore, Odette..., ou celui de l'eau avec des prénoms comme Laurence, Florent, Meredith..., ou encore celui de la mort ou de la violence avec des prénoms comme Ange, Sylvie, René, Viviane, Violaine, etc.

Les sons ou phonèmes

Parfois, certains sons ou phonèmes du prénom du consultant ont été empruntés, bien involontairement, aux prénoms familiaux de la ou des générations précédentes, dénotant chez le parent qui a choisi son prénom une forte imprégnation inconsciente de l'histoire familiale, de ses bonheurs ou de ses malheurs. Ainsi, une femme ayant perdu sa mère Madeleine lorsqu'elle était enfant pourra prénommer sa fille Magali ou son fils Mathieu, en réutilisant le premier phonème du prénom de sa mère décédée. De même, un phonème pourra être repris sur plusieurs générations, indiquant qu'une personne ou un événement fédère le groupe familial. On repérera ainsi dans une même famille les prénoms Delphine, Flamine, Martine, Justine... où la reprise du phonème « ine » est évidente.

Pour mémoire, on peut signaler quelques rares prénoms à la forme inattendue comme « Fête-Nat » ou, le plus connu, Jean-Bedel (Bokassa), Bedel découlant de Baptiste de La Salle et dont l'abréviation est B.D.L. Ceux-ci ont été probablement choisis dans le calendrier et signalent l'impact d'une culture d'emprunt.

Le prénom avec référence familiale

Le prénom d'un parent ou d'un grand-parent

Dans certaines familles, il existe des traditions, véritables rituels, qui consistent à donner systématiquement le prénom du père à l'aîné, ou à attribuer à l'enfant un prénom ou des prénoms secondaires puisés dans le stock des prénoms familiaux. Cette démarche renforce d'emblée, pour chacun des membres de la famille, le sentiment d'appartenance à un clan. De plus, la reprise de prénoms de personnalités remarquables de la famille, les « héros », semble témoigner une volonté d'assurer à l'enfant un avenir prometteur. Ce projet, apparemment généreux, charge en fait celui-ci d'une injonction de réussite, faisant peu de cas de ses possibilités réelles et de ses choix. Il s'agit souvent pour les parents d'incarner, à travers leur enfant, cette figure idéale qu'ils n'ont jamais pu être eux-mêmes.

Parfois, au-delà d'une tradition, le consultant porte le prénom de l'un de ses parents et en incarne le prolongement ou devient son véritable clone. Ce choix pointe alors une éventuelle problématique d'abandon : le parent a pu perdre prématurément son propre parent et être marqué pour toujours d'un sentiment d'incomplétude.

Dans tous les cas, la référence à un prénom familial n'est jamais anodine. Un parent peut, par exemple, donner à son enfant le prénom de son père alors que ce dernier a été défaillant et charger ainsi l'enfant, consciemment ou inconsciemment, de pallier des carences. Il le place ainsi dans une position intenable, paradoxale puisque l'enfant est élu, mis à la place du parent, et en même temps nié en tant qu'enfant, agressé puisque son parent règle ses comptes avec son propre parent à travers lui. L'affirmation de son identité se révèlera donc d'autant plus problématique que celle-ci a été amalgamée à celle de son grand-parent.

Le prénom d'un frère ou d'une sœur

Le consultant porte parfois le prénom d'un frère ou d'une sœur disparu(e) prématurément ou brutalement ; il est alors enfant de remplacement et reprend à son compte l'histoire interrompue ainsi que tous les affects dont cet autre était chargé. Il doit être ce que son frère ou sa sœur était, et sa trajectoire personnelle est difficile à dégager. Le cas le plus connu est celui de Salvador Dali, prénommé comme son frère aîné décédé enfant : il porta toute sa vie cette double identité dans la confusion, confusion repérable dans son œuvre. Il déclarait ainsi : « J'ai vécu toute mon enfance et toute ma jeunesse en pensant que j'étais une partie de mon frère mort, c'est-à-dire que je portais dans mon corps et dans mon âme le cadavre de mon frère mort qui s'agrippait à moi parce que mes parents parlaient sans arrêt de l'autre Salvador. »

Le prénom d'un autre membre de la famille

Il arrive également, lorsque le consultant est né dans une période proche d'un décès d'un membre de la famille, que celui-ci hérite de son prénom. Par ce choix, les parents ont privilégié, consciemment ou non, une sorte de prolongement de la vie du défunt au détriment de l'arrivée du nouvel enfant.

Le prénom sans référence familiale

Lorsque le prénom du consultant ne figure pas dans la famille ou lorsqu'il détonne, il est important de s'interroger avec le thérapeute sur son origine, son étymologie, ce qu'il peut évoquer par sa forme ou sa sonorité, et sur les raisons qui ont poussé ses parents à un tel choix. S'agissait-il pour eux, si ses parents étaient issus de l'émigration par exemple, de faciliter l'intégration de leur enfant en lui donnant un prénom usuel du pays qui les a accueillis ? Ou bien, dans le cas des familles mixtes, a-t-il été important pour l'un des parents d'honorer la religion ou la culture de la famille de son conjoint ? D'autres parents ont opté pour un prénom original ou très exotique afin d'affranchir volontairement l'enfant de toute référence familiale. Il arrive quelquefois que le consultant, au cours de son travail, fasse émerger un lourd secret : il porte par exemple le prénom du premier amour de l'un de ses parents ou d'un enfant précédemment abandonné par la famille, ou encore d'un ancêtre officieux mais pourtant prestigieux pour la famille.

En général, le prénom du consultant a été inspiré par une lecture, une chanson, un film ou un héros de légende, voire un personnage médiatique.

Les prénoms secondaires

Les prénoms secondaires, souvent négligés par le consultant ou délibérément occultés, doivent être abordés aussi attentivement que le prénom usuel, parfois même avec une vigilance plus grande, car ceux-ci sont souvent porteurs d'attentes ou de projections extrêmement significatives qui risquent de passer inaperçues. Il peut être riche de les découvrir sur plusieurs générations pour faciliter la visualisation d'une problématique familiale à travailler avec le consultant. Il pourrait s'agir, par exemple, d'un consultant atteint de crises d'angoisses récurrentes et dont la mise à jour, dans son génogramme, de la répétition systématique sur plusieurs générations du prénom secondaire Hélène lui révèlera l'existence d'une aïeule décédée prématurément. Cette visualisation lui permettra de prendre conscience de l'impact de ce deuil dans sa famille et de ses répercussions en cascade jusqu'à lui, d'identifier la source de ses angoisses et de pouvoir ainsi les lever, d'autant plus facilement qu'elles ne sont pas les siennes.

Prénom secondaire et sentiment d'abandon

Jeanne, 24 ans, consulte pour des sentiments récurrents de tristesse qui l'envahissent à des moments très divers sans raison apparente. Aucun événement de sa vie personnelle ou sociale ne semble pouvoir expliquer ses états émotionnels démesurés.

Les questions sur l'histoire familiale de Jeanne restent sans réponses quand on les aborde avec elle : elle ne s'est jamais sentie concernée. Elle reconnaît qu'il n'y a pas une grande communication dans sa famille. Son père est un homme pudique et sa mère, Adeline, est tournée exclusivement vers les satisfactions professionnelles ; elle ne s'attarde donc guère sur « les petites difficultés de la vie » et n'a qu'un seul mot d'ordre : « il faut toujours voir le bon côté des choses ».

Lorsqu'on propose à Jeanne d'investiguer un peu plus l'histoire de sa famille, elle envisage spontanément d'aller vers son père, sa mère ayant toujours refusé d'évoquer le passé. D'ailleurs, Jeanne confie qu'elle se sentirait très gênée si elle interrogeait sa mère, sans pouvoir expliquer les raisons de cette gêne pour autant.

Une explication avec son père lui apprend qu'Emma, sa grand-mère maternelle, est devenue orpheline à 6 ans dans des conditions dramatiques : Roselyne, la mère d'Emma, a été fille-mère très jeune. Elle a lutté pour élever Emma dans des conditions matérielles extrêmement précaires mais elle a finalement dû confier sa fille à l'Assistance publique et elle est morte quelques années plus tard. Emma n'a gardé aucun souvenir de sa mère.

Jeanne, sans le savoir, porte la tristesse de toute une lignée de femmes : Roselyne contrainte d'abandonner sa fille, Emma écrasée par un chagrin infini, Adeline porteuse à son tour de ce chagrin jamais abordé et Jeanne, enfin, envahie par ses idées sombres. À travers cette lignée, un phonème s'est glissé comme un véritable « marqueur » du drame familial, témoin inconscient de cette tristesse transmise à travers les générations. Le phonème « ine », déjà présent dans Roselyne, résonne en effet encore dans Adeline ainsi que dans le deuxième prénom de Jeanne, Pauline...

Prénom secondaire et sentiment d'abandon

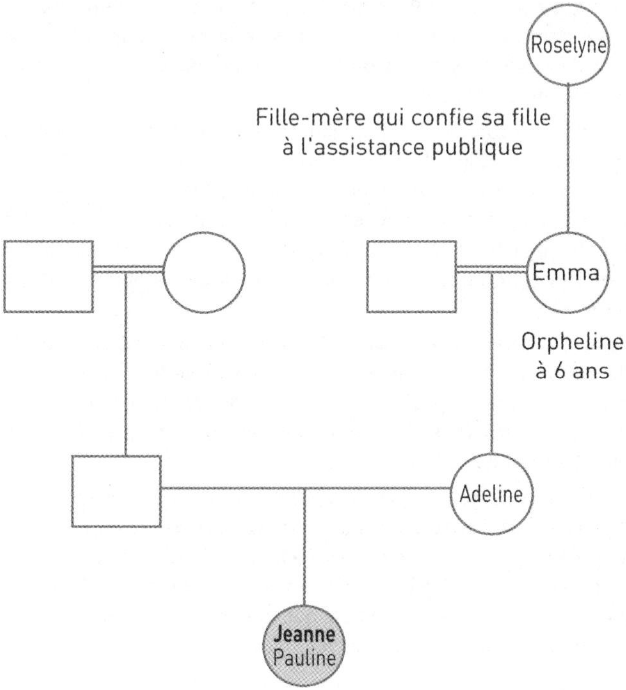

Le surnom et le changement de prénom

Lorsque la référence d'un prénom est douloureuse, contraire à des convictions ou lorsque le consultant récuse sa filiation, il peut décider avec l'aide de son thérapeute de changer de prénom : il se re-baptise en quelque sorte et se donne une identité nouvelle, affranchie d'un passé douloureux ou banni.

En revanche, l'intéressé ne choisit pas son surnom : il a reçu voire subi un diminutif. Si celui-ci est souvent chargé de tendresse, il peut cependant comporter une connotation nettement péjorative : « Poil de carotte » en est un bel exemple. En général, le surnom est attribué de façon temporaire durant l'enfance mais il peut perdurer toute l'existence, au point de gommer parfois définitivement le prénom. Dans certaines familles où un même prénom est répandu de génération en génération, le surnom a pour rôle d'éviter la confusion. Dans d'autres, il semble maintenir l'individu dans une dépendance infantile évidente, lorsque le surnom, par sa phonétique ou sa construction, est extrêmement décalé par rapport à l'âge du consultant, comme Toto pour Antoine ou Tom Pouce pour Thomas.

Chapitre 10

Le milieu social et la culture familiale

Aborder les « habitus », l'intériorisation des normes et des valeurs du milieu familial et social, c'est comprendre l'intrication, l'interaction des facteurs psychologiques et socioculturels dans l'histoire du consultant. Distanciation et implication seront en jeu dans ce travail thérapeutique particulier, car il s'agira tout autant pour le consultant de prendre du recul en relativisant sa propre histoire et celle de sa famille par rapport à des événements, une époque, une culture, etc., que de s'interroger et de revisiter cette histoire. Introduire les dimensions sociale et culturelle dans un travail thérapeutique provoque souvent un moment de désillusion chez le consultant, voire un temps dépressif, pendant lequel celui-ci se sent écrasé par une sorte de déterminisme pesant. Il découvre la répétition de situations et de comportements chez certains membres de sa famille à travers les générations et se surprend lui-même à reproduire, plus ou moins fidèlement, la trajectoire de ses ancêtres. De fait, cette désillusion tempère une illusion solidement ancrée en chacun de nous, qui consiste à croire à la totale liberté de tout individu dans ses choix. Un travail thérapeutique transgénérationnel permettra d'intégrer cette contradiction entre déterminisme et liberté et de comprendre en quoi chacun est libre de choisir parmi un éventail de possibles, au regard des déterminants sociaux et historiques. Le consultant a donc la possibilité de « décider » de son histoire mais seulement après avoir analysé en quoi et comment celle-ci a pu être conditionnée par les divers facteurs culturels et sociaux.

Le projet social des parents

La succession des générations ancre chaque enfant dans un contexte social et culturel. Autrefois, celui-ci était en quelque sorte immuable avec des classes bien répertoriées, différenciées et hiérarchisées : « chacun à sa place ». Aujourd'hui, le changement de position sociale est devenu possible sur fond de rivalité entre les différentes classes. Cette mobilité sociale nouvelle affecte le projet parental mis en œuvre dans toutes les familles et le rend souvent porteur de nombreuses contradictions et de conflits. Ce projet recouvre la place sociale souhaitable et souhaitée pour l'enfant et il est donc important de l'expliciter avec le consultant pour savoir s'il était plutôt inscrit dans une stratégie d'ascension, de promotion sociale ou, au contraire, dans une crainte de « descension ».

La référence à l'histoire familiale et à la position sociale des parents est nécessaire car elle permet de comprendre en quoi ce projet contient et actualise celui des générations précédentes. Il n'est d'ailleurs pas rare d'observer chez certains consultants la mise en acte de souhaits de grands-parents ou d'arrière-grands-parents encore non réalisés jusque-là, ce qui montre bien le poids des aspirations de la famille et leur transmission à travers les générations. De plus, ce « programme » parental a obéi le plus souvent à des attentes contradictoires : il a fallu que le consultant devienne « quelqu'un » mais qu'il reste également « comme ceux de la famille ». Il a dû à la fois se différencier et répéter, accéder à l'autonomie et accepter une certaine forme de soumission. La situation est encore plus complexe lorsque le projet maternel a différé du projet paternel. Le consultant a-t-il alors été soumis à une guerre, explicite ou sourde, opposant les lignées maternelles et paternelles ? Laquelle s'est imposée ? Y a-t-il eu des compromis ? Cette lutte aura été d'autant plus problématique que l'écart social, culturel, religieux, idéologique était marqué entre les parents. De fait, de véritables rapports de domination-soumission se sont parfois joués à l'intérieur de la famille ; le consultant, confronté à ce système contradictoire, a pu y rester enfermé et même s'être senti contraint de le reproduire à l'identique ultérieurement.

La trajectoire sociale

La profession peut être considérée comme un des indicateurs de la classe sociale. Repérer à travers les générations les divers métiers exercés revient en effet à tracer l'itinéraire social d'une famille et permet d'identifier les mouvements de promotion ou de régression, ainsi que le maintien d'une position.

L'ascension sociale

Dans les cas où le consultant a connu une ascension sociale forte par l'accès à un métier qui lui a fait quitter sa classe d'origine, il sera bon d'aborder avec lui les contradictions et les éventuels conflits liés à cette rupture. Il s'agira là d'un véritable travail transgénérationnel car à travers le choix d'un métier s'expriment volontiers les attentes, les injonctions, les projections et les interdits, voire quelquefois les secrets d'une lignée familiale. L'instituteur, figure classique de la trajectoire ascendante des milieux ouvriers ou paysans, en est un parfait exemple.

Promotion et trahison familiale

Élisabeth consulte pour des difficultés professionnelles. Institutrice depuis de longues années, elle a accepté récemment un poste de directrice d'école primaire mais elle n'arrive pas à s'imposer auprès de ses collègues. Pourtant, sa carrière d'institutrice s'est jusque-là déroulée sans encombres : elle a toujours été très bien notée par sa hiérarchie et particulièrement appréciée par ses élèves et leurs parents. Elle reconnaît par ailleurs qu'elle s'est toujours entendue avec ses collègues instituteurs. Actuellement, sa gêne se manifeste à chaque fois qu'elle doit organiser des séances de travail avec l'équipe enseignante et les autres interlocuteurs. Elle perd tous ses moyens, rougit fortement et est en proie à des vertiges qui la rendent incapable de mener ses réunions. En cas de conflit, elle ne peut se poser en arbitre et ne parvient pas à assumer les face-à-face parfois extrêmement violents qui l'opposent à son équipe. Elle se sent comme écartelée entre les obligations dues à sa nouvelle fonction et son ancienne appartenance professionnelle.

L'analyse socioprofessionnelle de sa famille montre une homogénéité sociale sur trois générations. Ses grands-parents étaient ouvriers agricoles et bergers, ses parents ouvriers spécialisés et employés de maison, et ses frères sont respectivement ouvriers et mécaniciens. Depuis qu'elle est directrice, Élisabeth a l'impression d'avoir « trahi son monde ». C'est comme si elle s'était désolidarisée de gens auxquels elle reste viscéralement attachée. Dans sa famille, ses parents comme ses grands-parents lui ont toujours répété que « dans la vie, il fait pas bon de monter trop haut ». Ce leitmotiv rabâché sur tous les tons a fortement imprimé les convictions et les croyances intimes d'Elisabeth qui découvre, grâce à ce travail sur sa famille, qu'elle redoute inconsciemment une sanction à sa trahison. Elle se sent comme écartelée entre les valeurs de sa famille d'origine qui la retiennent et la disqualifient dans sa promotion et son sincère désir d'ascension professionnelle.

Promotion et trahison familiale

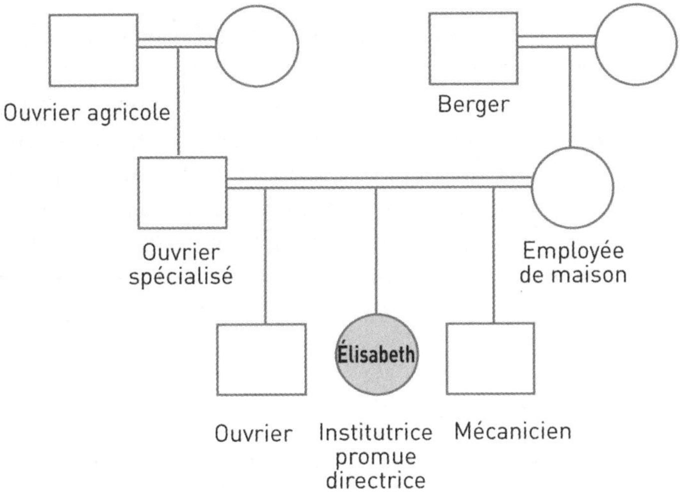

L'accès à un métier, quand il s'accompagne d'un changement de classe, coûte cher au consultant. Celui-ci est en effet tiraillé entre une « identité héritée » de sa famille et une « identité acquise » par sa formation puis son expérience professionnelle. Il lui faut opérer un véritable travail de deuil au cours duquel les identifications au modèle familial doivent être abandonnées, afin d'autoriser une identification nouvelle avec intégration de croyances et de valeurs différentes ou en opposition au milieu d'origine. En quittant la pauvreté et en accédant à un avenir meilleur, le consultant réussit certes à satisfaire les vœux familiaux, mais ce faisant, il devient tributaire d'une lourde dette : « c'est grâce à leurs sacrifices que j'ai pu m'élever ». Il lui faut en quelque sorte abandonner les siens, les « trahir », et la culpabilité qui accompagne cette ascension pèse souvent lourd. Un vécu d'isolement important, accompagné d'un sentiment d'imposture, est fréquemment mis en avant par le consultant qui n'a plus sa place dans son milieu d'origine, sans pour autant l'avoir dégagée dans son nouveau milieu socioprofessionnel. C'est d'ailleurs souvent en réponse à ces sentiments complexes qui l'habitent que ce type de consultant s'engage en faveur des classes démunies à travers son métier ou par le biais d'un combat militant, associatif ou politique. Ainsi, pour certains consultants issus de milieux simples, il importera de payer leur dette en se vouant aux personnes les plus défavorisées pour faciliter leur intégration sociale.

La descension sociale

Dans les cas où le consultant, par son métier, a connu une régression sociale qui l'a obligé à déserter son milieu d'origine, des contradictions et des conflits existent mais il est plus difficile pour le thérapeute de les aborder. En effet, à l'inverse de la promotion sociale, la descension sociale se doit d'être masquée.

L'interdiction des parents

Au-delà des facteurs socio-économiques particulièrement prégnants aujourd'hui et qui font que le maintien de la place acquise est devenu incertain pour beaucoup, il est des familles où le jeu des attentes, des injonctions et des projections peut contribuer à cette baisse du statut. Avec le thérapeute, le consultant découvrira peut-être que la réussite est bannie de sa famille depuis plusieurs générations car elle est synonyme de danger, avec des formules de type « dans notre famille, on a toujours été discret », et que sa réticence à réussir dépasse donc le cadre d'une problématique personnelle et renvoie à des appréhensions beaucoup plus lointaines qu'il a fait siennes. Parfois, l'interdit à la réussite est plus dévastateur encore car il correspond à un véritable abus de pouvoir du parent sur l'enfant, enfant qui n'a eu le droit ni de l'égaler ni de le dépasser, et qui a entendu de façon répétée « tu n'as pas de talent pour... » ou « tu ne m'arriveras jamais à la cheville ».

L'interdiction du consultant

Il arrive également que l'interdit ait été posé par le consultant lui-même, celui-ci refusant, par exemple, toute identification à un père dont la réussite est synonyme de valeurs qu'il réfute comme l'opportunisme, la compromission, le mépris d'autrui ou le mensonge, allant ainsi jusqu'à opter pour un métier inférieur à ses qualifications ou à s'invalider dans ses études pour ne jamais atteindre le statut du père.

Dans d'autres cas, cet interdit de réussite vise au contraire à réhabiliter un parent : réussir serait la preuve inacceptable qu'il a été défaillant. Dans les cas particuliers où l'un des parents s'est illustré au cours d'événements historiques, en héros de guerre par exemple, et que la possibilité en temps de paix d'égaler cette position s'avère irréalisable pour le consultant, la seule issue autorisée restera pour celui-ci de gérer cet héritage en tirant parti d'être « fils de » ou « fille de », à moins qu'il n'ait préféré se fondre dans l'anonymat et régresser socialement. Il arrive aussi que les enfants de célébrités se sentent incapables d'égaler leur parent mais ne se résolvent pas non plus à passer inaperçus ; ils choisissent donc de se saborder dans des conduites d'alcoolisme, de drogue, de délinquance voire de maladies mentales.

Les réactions face à la régression sociale

Face à la régression sociale, on retrouve fréquemment trois types d'attitudes : la plainte, la dissimulation ou la négation. Se plaindre permet de se débarrasser de sa responsabilité en rejetant la faute sur l'autre ; cacher permet de sauvegarder les apparences et laisser croire que l'on a maintenu son statut ; nier permet de s'illusionner soi-même.

L'ancrage social

Dans les familles où les métiers sont relativement immuables, les modèles d'identification restent pratiquement identiques de génération en génération. Il n'y a aucune revendication quant au changement de place ou de classe, aucune compétition ni rivalité : le seul mot d'ordre de ces familles est « ne changeons rien ». Le consultant est en quelque sorte enlisé, obligé de reprendre à son compte des valeurs familiales auxquelles il ne croit pas réellement ; il a le plus souvent opté pour un métier inscrit dans une continuité générationnelle alors qu'il ne s'en octroie véritablement ni le talent ni le goût. Il en est ainsi de ces consultants, prisonniers d'une affaire ou d'une entreprise familiale, qui s'interdisent tout accès à un métier dans le monde extérieur pour ne pas affronter la culpabilité inhérente à la déloyauté qui en découlerait inévitablement. L'injonction sur plusieurs générations « on ne peut faire confiance qu'à sa famille » et son corollaire « il est interdit de quitter la famille » pèsent lourdement, consciemment ou le plus souvent inconsciemment. Lorsque le consultant, par le choix de son métier, trahit ce type de famille, il devient le plus souvent l'objet d'un bannissement familial, affectif, économique, voire juridique.

Le changement de classe et les conflits psychiques

Les névroses sociales

Lorsqu'on aborde des conflits psychologiques liés à un changement important de statut, il s'avère nécessaire de les envisager à la lumière du contexte social et culturel de la famille. Ainsi, l'humiliation ou la honte dont se plaint le consultant peut être liée à la frustration d'avoir vu, enfant, ses parents et ses grands-parents souffrir car moins bien dotés que d'autres sur le plan économique et culturel. Cette image négative a parfois motivé son travail acharné pour s'en démarquer et l'a conduit à une sorte de « névrose » de la promotion. Dans d'autres cas, le consultant a été confronté à des cultures et des valeurs contradictoires, écartelé entre celles de sa famille d'origine et celles proposées par l'école et la société. Ce décalage a été tel que le consultant s'est inscrit dans une « névrose » où le conflit s'enlise dans une juxtaposition d'exigences inconciliables, et plus l'écart entre ces exigences est grand, plus le conflit névrotique a des raisons d'être intense. Ces « névroses sociales » doivent être entendues comme une réponse aux contradictions sociales auxquelles l'individu a été soumis, et non comme un fonctionnement psychique.

La culpabilité

Pour aborder ces conflits, le thérapeute doit envisager plusieurs niveaux. Tout d'abord, celui de la culpabilité qui est double : il y a la culpabilité de « ne pas être issu d'un milieu comme il faut » (pauvre, étranger, immigré, etc.) et la culpabilité « d'avoir trahi, renié ce milieu ». C'est pourtant le projet parental qui a le plus souvent conduit le consultant à renier ses parents et son origine. Aussi, la culpabilité reste peut-être le seul moyen pour celui qui s'en est détaché de rester en lien avec ses origines.

La dévalorisation

L'autre facette à aborder est la dévalorisation. Enfant, le consultant a pu être confronté, par exemple, à des parents qui ont été dominés, méprisés, humiliés par d'autres du fait d'une infériorité sociale. La façon dont les parents et la famille élargie auront réagi à cette situation est déterminante. Si la famille a accepté et intériorisé cette image négative, alors le consultant, enfant, a pu faire sienne cette représentation en s'identifiant aux modèles parentaux et développer ainsi un sentiment d'infériorité. *A contrario*, si la famille a refusé d'accepter passivement sa position et l'a imputée aux circonstances extérieures, alors le consultant a pu maintenir une image non invalidée de son milieu familial car indépendante et non réductible à sa position sociale.

Lorsqu'il y a sentiment d'infériorité, le consultant témoigne volontiers d'une forte activité fantasmatique qu'il a développée au cours de son enfance où il se rêvait ou s'imaginait être issu d'une origine plus enviable (roman familial). Le consultant a parfois transformé ce sentiment d'infériorité en son contraire, en « complexe de supériorité », avec acharnement et dépassement par le travail, excellence, mépris de toute forme de domination et évitement de toute situation de soumission. Ce surinvestissement dans le travail lui permet de combler un manque et de compenser une infériorité. Mais cette tentative s'avère paradoxalement illusoire car plus le sujet réussit, plus il se démarque à l'intérieur de la catégorie sociale atteinte car il reste toujours stigmatisé par son origine sociale, ce qui ravive d'autant son sentiment d'infériorité et sa différence.

Le clivage

Le travail thérapeutique doit aussi envisager le niveau de l'Œdipe qui a pu se doubler d'un fort enjeu social. L'Œdipe* doit alors être vu comme le moment où le consultant, enfant, a du reconnaître et ajuster sa place dans un ordre familial en référence à un ordre social.

Il en est ainsi du consultant pour lequel le décalage social entre les deux parents est majeur. Ce fut le cas célèbre d'August Strindberg, auteur suédois du XIXe siècle, issu d'un père aristocrate et d'une mère servante. La qualité biographique de son œuvre permet d'éclairer le jeu subtil de domination-soumission du couple parental : la mère menaçante, soumise et cause du déclassement social du père, et le père tout à la fois déchu et dominateur. Confronté à ces images d'identifications contradictoires, Strindberg fut incapable de se situer entre la classe des maîtres et celle des servants, et mit en scène dans son œuvre, à travers ses multiples personnages, ses différentes parties de lui-même à jamais clivées.

Le thérapeute devra donc envisager les éventuels clivages mis en place par le consultant. Lorsque celui-ci est confronté à une appartenance sociale et culturelle double et qu'il ne peut ou ne veut réfuter ni l'une ni l'autre, il est en quelque sorte divisé de l'intérieur, juxtaposant ainsi deux identités. Ce processus de clivage* conduit le plus souvent à l'isolement et au repli sur soi, le consultant vivant douloureusement cette expérience ambivalente d'appartenance et de non-appartenance à chacun des deux milieux. Pour échapper à ce mal-être, il opte volontiers pour des professions ou des activités sans référence sociale mais en relation avec des milieux sociaux très divers, lui donnant ainsi l'occasion d'occuper malgré tout une place clairement définie, véritable support structurant pour une identité indécidable.

Le cas des enfants issus de l'émigration

La double culture

Dans le cas des consultants issus de l'émigration, on ne peut faire l'impasse du jeu générationnel complexe lié à la transmission des valeurs, des croyances et des habitudes culturelles. Ces consultants existent à travers une histoire familiale souvent difficile à afficher, alors qu'au sein même de leur pays d'accueil, les habitants revendiquent volontiers leurs origines régionales ainsi que les us et coutumes qui s'y rattachent. Le consultant immigré a le plus souvent des grands-parents qui sont nés et qui vivent encore dans « l'autre pays ». Ceux-ci sont en quelque sorte les gardiens de la culture et de l'identité familiale et font figure de référent pour les générations qui suivent. Quant aux parents du consultant, ils sont nés « là-bas » et véhiculent la culture de leur pays d'origine, mais ils vivent « ici » et affirment haut et fort tout ce qui pourrait contribuer à renforcer et à faire reconnaître leur nouvelle nationalité. Ils sont plus enclins à afficher cette nouvelle nationalité que ceux qui l'ont acquise depuis plusieurs générations. Paradoxalement, il est fréquent, lorsque l'origine étrangère est lointaine, que celle-ci soit au contraire volontiers revendiquée. Là où la honte se dissimule derrière une nationalité récemment acquise, la fierté d'une origine étrangère lointaine et mystérieuse s'affiche volontiers.

Le consultant immigré doit donc affronter deux cultures différentes : celle de ses grands-parents et celle du pays d'adoption. La première est transmise par la langue du pays d'origine et par les attitudes et les habitudes de ses parents. La seconde culture passe par la scolarité et l'usage de celle-ci fait figure de repère pour s'adapter. Le conflit entre ces références socioculturelles vient alors étayer les conflits inévitables entre les générations. Les parents du consultant restent le plus souvent loyaux aux valeurs de leur pays d'origine mais vivent dans un autre pays. Les enfants, eux, intègrent les valeurs du pays dans lequel ils sont nés mais doivent rester loyaux aux valeurs du pays de leurs grands-parents, là où leurs parents sont nés. Le consultant immigré évoque souvent la différence fondamentale qui existe au sein de sa famille, entre ceux qui sont nés « là-bas » et ceux qui sont nés « ici », véritable fossé qui les rend étrangers les uns aux autres.

Des projets parentaux contrastés

Dans ces familles, les projets parentaux font le plus souvent référence au pays d'origine. Par exemple, ils exigent pour les filles des qualités de mère au foyer au détriment d'une qualification professionnelle ou imposent aux garçons le mariage avec de jeunes épouses issues du pays d'origine en vue de maintenir une hiérarchie basée sur l'autorité masculine. De fait, le consultant est écartelé entre la culture de ses ancêtres et l'intégration dans cette nouvelle société, entre la fidélité aux origines et la trahison de ces origines pour atteindre la réussite. De plus, et curieusement, cette réussite lourde de culpabilité est fortement attendue et souhaitée par les parents et les grands-parents.

Dans ce travail thérapeutique particulier, l'abord des conflits psychiques internes et propres à la personne doit donc s'inscrire dans une compréhension des facteurs externes propres à l'histoire sociale d'une famille et à son groupe d'appartenance. C'est à ce prix que le consultant pourra se dégager d'un véritable double lien social de type « tu dois réussir dans cette société mais tu dois rester fidèle aux ancêtres ». Pour lui, il s'agit de se forger une identité qui lui appartienne en propre et de s'affranchir de la culpabilité d'avoir trahi. Cette culpabilité sera d'autant plus forte que le consultant aura souffert, enfant, de la honte de la situation d'émigré de ses parents, puis de la honte d'en avoir eu honte.

Culture familiale et double lien

Noël N'Guyen connaît des échecs professionnels répétés et des crises d'angoisse fortement invalidantes, accompagnées de sentiments de culpabilité. Apprécié dans son travail pour sa courtoisie et son efficacité, il perd pourtant tout contrôle de lui-même dès qu'une occasion de promotion lui est proposée. Il souffre alors de peurs irraisonnées, d'insomnies, de sautes d'humeur, et son agressivité, aussi injustifiée que soudaine, est incompréhensible pour ses collaborateurs. Impuissant à accepter toute opportunité professionnelle, il se saborde malgré lui et précipite ainsi son échec.

Un travail sur le génogramme* montre que Noël est soumis à une double injonction parentale : son père souhaite qu'il reste fidèle à ses origines vietnamiennes et sa mère, au contraire, l'encourage à se libérer du passé et à réussir. Le père de Noël, né au Vietnam, est venu en France avec ses parents lorsqu'il avait 3 ans : il a été soumis à la double injonction « intègre-toi » et « respecte tes ancêtres ». La mère de Noël, issue d'un père français et d'une mère italienne, a elle-même reçu un double message : « sois fidèle à la culture française » et « sois fidèle à la culture italienne ». En épousant monsieur N'Guyen, de culture vietnamienne, la mère de Noël a échappé à la double injonction parentale, tandis que le père de Noël a concilié les deux exigences contradictoires. En effet, le père s'est intégré en épousant une française mais il a également respecté ses ancêtres car il a repris le commerce de ses parents.

Pendant toute son enfance, Noël a été confronté aux conflits répétés de ses parents. Il s'est senti incapable de prendre parti, refusant d'être déloyal envers l'un ou l'autre de ses parents. Il a réussi des études qui lui ont permis d'accéder à une meilleure situation professionnelle que celle de ses parents et grands-parents : il semble ainsi répondre aux attentes de sa mère et trahir son père puisqu'il ne reprend pas le commerce familial. Dans les faits, il ne satisfait pas les attentes de sa mère car il se met régulièrement en échec dans son parcours professionnel ; il obéit donc inconsciemment à son père en ne dépassant jamais la réussite de ses ancêtres.

En voulant satisfaire père et mère, Noël est en quelque sorte resté « coincé », prisonnier de ce double lien.

Culture familiale et double lien

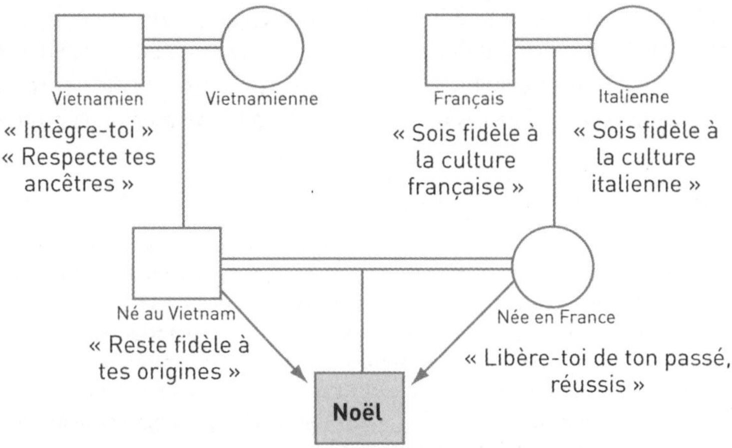

La symbolique des métiers

Au-delà de l'histoire personnelle et des fidélités familiales, les métiers, au sein de notre société, font référence à des croyances, des images et des mythes communément admis. Voici une liste des principales professions et leur signification :

- Les professions qui ont trait aux soins et à l'aide (médecins, infirmiers, psychologues, travailleurs sociaux, etc.) inscrivent le consultant dans une problématique de lutte contre l'abandon. C'est celui qui sauve de la maladie, de l'accident, de la mort.
- Les professions en lien avec le savoir (enseignants, formateurs, hommes politiques, etc.) soulignent chez le consultant le désir de transmettre, voire d'acquérir ou d'exercer un pouvoir. C'est celui qui sait, qui informe et qui revendique éventuellement le pouvoir.
- Les métiers liés à l'argent (banquiers, commerçants, etc.) correspondent à une problématique de réparation ou de revanche chez le consultant.
- Les avocats, les juges, les notaires..., et toutes les activités en rapport avec la règle, inscrivent le consultant dans une problématique de place et de hiérarchie, en lien avec un manque de repères ou une perte des repères dans l'histoire familiale.
- Les métiers créatifs (artisans, artistes, etc.) indiquent souvent chez le consultant une nécessité de reconnaissance par le monde extérieur.
- Les écrivains, les journalistes, etc. se réfèrent à la volonté de témoigner qui peut être mise en rapport avec ce qui a été tu dans leur histoire familiale.

Dans tous les cas, et ce quel que soit le métier exercé, le thérapeute devra repérer la place choisie par le consultant – loin de sa famille ou dans sa famille, dans une position indépendante ou de dépendance au sein d'une entreprise, en position dominante ou soumise –, relativement à la place occupée, revendiquée ou gagnée par le consultant dans sa famille. Le thérapeute sera particulièrement exigeant face au cumul des rôles et des places, lorsque le patron ou l'employé du consultant sera, par exemple, le père ou le frère ou un quelconque membre de la famille, évoquant là une problématique de frontières perméables entre les générations ou à l'intérieur d'une génération.

Chapitre 11

Les traumatismes

Les traumatismes ne doivent pas être confondus, comme le fait le langage courant, avec les événements ou les chocs qui les ont déclenchés : ils recouvrent exclusivement l'ensemble des perturbations et troubles générés par les événements eux-mêmes. Il est donc indispensable de distinguer les traumatismes des causes traumatiques. Ces causes peuvent être d'ordre physique (violence, abus sexuels, maladies, accidents, etc.) ou psychologique (ruptures affectives, injustices, secrets, décès...). Elles peuvent concerner la vie du consultant, son enfance ou son vécu immédiat, mais peuvent également impliquer les générations antérieures. Ces causes peuvent être relativement masquées, tant sur le plan individuel par le biais du refoulement que sur le plan familial par l'occultation volontaire ou les non-dits.

Le travail clinique montre qu'une cause traumatique peut avoir des effets nocifs majeurs et durables ou au contraire être assimilée, dépassée, voire sublimée. En effet, la sensibilité de celui qui a subi les violences a un impact décisif sur leurs répercussions. À travers ses croyances, la culture familiale induit aussi une résonance particulière au choc qu'elle amortira ou amplifiera. Enfin, le contexte social joue aussi un rôle significatif dans la mesure où il permet de dépasser un traumatisme en le reconnaissant ou en le niant. Un traumatisme individuel génère parfois un véritable traumatisme familial capable de traverser les générations lorsque le choc ébranle tout le système familial dans ses croyances et ses rituels et que le mythe unificateur de la famille se voit éclaté. Dans les cas extrêmes, les causes traumatiques sont collectives (discriminations raciales ou religieuses, esclavage, guerres, etc.) et induisent alors des traumatismes collectifs.

Certains consultants se questionnent avec anxiété sur leur histoire personnelle car ils sont habités par l'incertitude et le doute, envahis par des sensations et des images récurrentes et invalidantes qu'ils ne peuvent expliquer, allant parfois jusqu'à développer des phobies, des comportements obsessionnels et des épisodes dépressifs. À l'écoute de ces témoignages, faits d'impressions diffuses et douloureuses, le thérapeute doit envisager et soumettre à son consultant l'hypothèse d'un éventuel traumatisme familial.

Les traumatismes individuels

Il arrive que le consultant prenne rendez-vous à la suite d'un choc traumatique (maladie, accident, agression, deuil). Le rôle du thérapeute est alors de l'accompagner pour éviter un enkystement de ces violences et donc un traumatisme. Parfois, le choc traumatique a été refoulé, le refoulement ayant joué massivement ou bien partiellement sur l'événement et/ou sur les émotions qui l'ont accompagné. Le consultant peut n'avoir retenu que quelques bribes de l'événement ou l'avoir parfois totalement occulté, en ne conservant intactes que les émotions ressenties lors du choc traumatique. Un véritable clivage* entre l'événement et les émotions qui l'ont accompagné peut ainsi être à l'origine de dysfonctionnements et de symptômes* sévères. Parfois, il peut même induire des troubles de mémoire fréquents ou quotidiens, car se souvenir c'est prendre le risque de se souvenir de l'événement traumatique.

Les agressions extra-familiales

Dans les cas d'agressions extrêmes (coups, torture, viol, etc.), le consultant raconte souvent qu'il s'est senti anesthésié, étranger à lui-même, comme extrait de son propre corps et spectateur de la violence reçue. Il a alors vécu une expérience de dissociation, seul moyen pour lui d'échapper à une souffrance intolérable. Cette expérience peut avoir été accompagnée d'une réelle confusion dans la distinction entre agressé et agresseur et générer ultérieurement une identification à celui-ci. Lorsque cette identification est totale, l'agressé risque de devenir à son tour agresseur et de perpétuer les violences dont il a souffert ou de retourner ces violences contre lui-même.

Les violences familiales

Lors de violences commises à l'intérieur de la famille du consultant, l'identification à l'agresseur est plus fréquente encore car le lien de parenté est incompatible avec le désamour d'un parent, proche ou lointain, et son intention de nuire. L'étape du travail thérapeutique qui consiste à démythifier ce membre de la famille et à accepter que celui-ci ait pu être néfaste sera indispensable mais douloureuse.

Le thérapeute doit ensuite aborder avec le consultant la dynamique familiale et analyser les rôles de chacun et les éventuelles alliances à l'intérieur de la famille. Le plus souvent, les places ont été bouleversées et la confusion règne entre les différentes générations. Les parents n'assument plus leur rôle de protection et se posent parfois en agresseur de leur enfant.

L'agresseur est fréquemment le père, mais il peut s'agir d'un frère, d'un oncle ou d'un membre de la famille plus lointaine, d'un ami, et plus rarement d'une femme. L'agresseur est toujours doté d'un complice au sein du système familial : il peut s'agir d'un oncle qui a violé son neveu avec la complicité du père de l'enfant, ou d'un père qui torture moralement l'un de ses enfants, toujours le même, sous le silence complice de la mère.

Le complice se vit comme incapable de faire face à l'agresseur, incapable de se protéger lui-même et incapable de protéger les victimes, qu'il s'agisse de ses enfants ou d'autres membres de la famille.

Dans le cas particulier où le complice est la mère, celle-ci se pose en grande sœur symbolique de ses enfants car elle ne peut empêcher les exactions de son mari agresseur et revendique, elle aussi, son statut de victime, à l'égal de ses enfants. Ce faisant, elle bouleverse les places au sein des générations.

Cette position ambivalente de la mère doit alerter le thérapeute sur le fait qu'elle a sans doute été elle-même victime de violences similaires, physiques ou psychiques, au sein de sa propre famille. Dans son discours, le consultant fait souvent état d'une communication difficile en famille, avec silences, occultations ou prises de parole abusives et envahissantes. Il se plaint fréquemment de manquer d'à-propos, de ne pas savoir dire, d'avoir été réduit au silence dans sa famille et d'être impuissant à briser ce silence. Il s'est senti invalidé dans ses perceptions du fait de l'incohérence du discours de ses parents. Parfois, ceux-ci ont été jusqu'à dénier le ou les traumatismes subis ou les ont justifiés en invoquant les meilleures raisons : « je te fais du mal mais c'est pour ton bien ». Le consultant se plaint également d'avoir souffert des humeurs et des comportements imprévisibles de ses parents et d'être toujours sur le qui-vive, en état de veille et d'anxiété permanentes. Il est habité par une culpabilité injustifiée qui est sans cesse réactualisée par le discours mensonger des parents. Ceux-ci, en inversant les rôles, les responsabilités et les devoirs de chacun, ont manipulé le consultant afin qu'il ne puisse pas se dégager de leur emprise dévastatrice.

Dans certains cas, face à la dangerosité de la famille, le thérapeute se voit dans l'obligation de protéger son consultant en lui « prescrivant » une interruption temporaire ou prolongée de la relation, voire, si nécessaire, en le soutenant dans une action juridique et en le préparant aux inévitables confrontations.

Transmission d'un traumatisme et secret

Monique consulte pour des difficultés dans son couple. Mariée depuis 10 ans à un homme qui a 22 ans de plus qu'elle, elle vit depuis quelques mois et sans la moindre raison dans la peur permanente que son mari ne l'abandonne et emmène avec lui leur fille de 7 ans.

Un travail sur le génogramme* de Monique a permis de faire l'hypothèse d'une filiation incestueuse, filiation qui a été douloureusement confirmée par sa mère. Monique est en fait la fille de son grand-père, et le mari de sa mère qu'elle a toujours cru être son père l'a reconnue quelques mois après sa naissance. En épousant Jérôme, qui par son âge aurait pu être son père, elle a, à son insu, comme mis en scène l'inceste familial. Ses peurs injustifiées pointaient en quelque sorte le secret caché par la mère, celle-ci vivant, dans la honte, un attachement toujours coupable pour son père.

Transmission d'un traumatisme et d'un secret

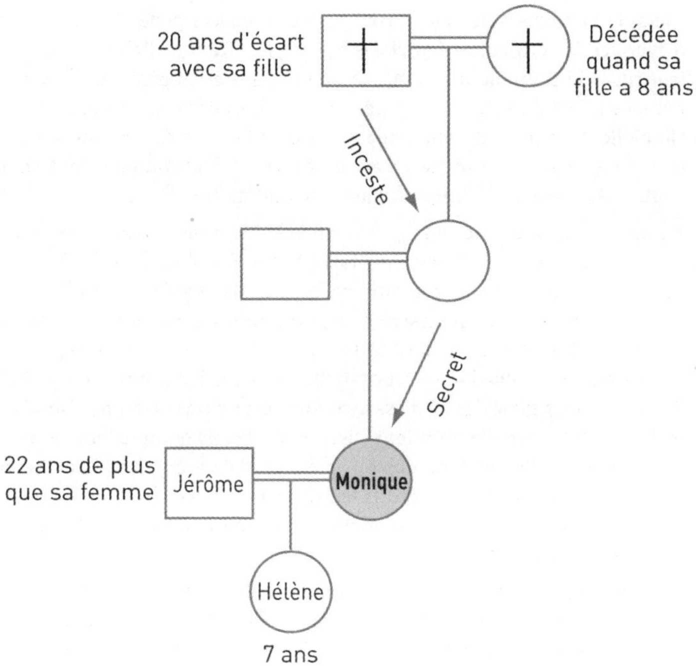

Les traumatismes familiaux

Dans certains cas, un traumatisme individuel vient bouleverser l'équilibre du système familial, ébranler les convictions et les croyances auxquelles chacun des membres s'était jusque-là rallié. Ce qui les a définis, à l'intérieur comme à l'extérieur du groupe familial, ce qui leur a donné une identité, une existence, vole en éclat. Pour eux, le temps s'est en quelque sorte arrêté : il s'agit là d'un traumatisme familial.

Mythe et traumatisme familial

Monsieur et Madame Martin prennent rendez-vous pour une consultation de thérapie familiale suite au conseil de leur médecin généraliste, dans le but d'évoquer des difficultés familiales sévères résultant de l'abus par un tiers de leur fils aîné Dominique, 16 ans. Le premier entretien révèle un dysfonctionnement familial important : le père a cessé brutalement son activité professionnelle, la mère n'est plus capable de prendre soin de ses trois enfants, et la communication entre tous s'est brutalement interrompue. Tout se passe, depuis l'événement, comme si chacun évitait l'autre.

Au-delà du travail d'accompagnement individuel nécessaire après une telle agression sexuelle, le thérapeute fait l'hypothèse d'un traumatisme secondaire qui expliquerait le mutisme de la toute la famille. En effet, suite à la plainte déposée pour l'agression de leur fils, Monsieur et Madame Martin ont découvert l'homosexualité de Dominique mais ils ne peuvent l'évoquer de peur de provoquer l'implosion de leur famille. Le premier traumatisme individuel, l'abus sexuel, a donc donné naissance à un second traumatisme, familial cette fois. Dans cette famille traditionnelle, depuis de très nombreuses générations, les rôles masculins et féminins ont été très clairement établis et fièrement revendiqués : l'homme travaille, la femme est au foyer, l'homme est bagarreur et excelle dans les sports de compétition, la femme est douce et excelle dans les tâches ménagères.

Après l'agression de Dominique, le support identitaire de cette famille a donc volé en éclats : ce qui faisait leur fierté est soudainement anéanti. Le mythe familial, qui assurait la cohésion de la famille à travers les générations tout en permettant à chacun de ses membres de se relier au monde extérieur, a littéralement explosé sous le coup de cette révélation. Face au jugement de sa belle-famille et de sa propre famille, la mère a basculé dans une dépression. Le père redoute le jugement social au point de ne plus vouloir se rendre à son travail. Quant aux trois fils, ils se regardent comme des étrangers, la valeur masculine fortement affirmée dans leur famille se trouvant radicalement remise en question.

Face à ce bouleversement des croyances familiales, un travail générationnel visera à ajuster le mythe familial en revisitant les valeurs et les rôles du masculin et du féminin. C'est ce travail de réajustement qui permettra à la famille Martin de se remettre en marche.

Mythe et traumatisme familial

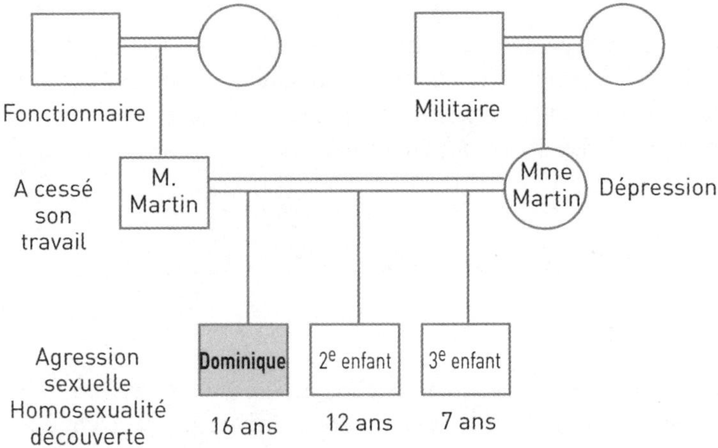

La place du consultant

Le consultant issu d'une telle famille fait état de son incapacité à se projeter dans l'avenir proche ou lointain. Il n'existe qu'aux yeux des siens, en référence exclusive au passé, à la seule fin de le réparer et au détriment de son identité propre. Ainsi, toute initiative personnelle est rendue impossible. Il n'a pas le droit au bonheur et il reprend à son compte le pessimisme familial ; il s'interdit d'aimer et est victime du consensus familial, ce qui le mène parfois à sacrifier sa vie entière. Pour sortir de cet enfermement, pour se prouver qu'ils existent envers et contre cette famille dans laquelle il est interdit d'exister, certains défient la mort dans des conduites ordaliques ou dans des métiers à risque. D'autres choisissent de dépasser la problématique familiale en s'engageant dans des métiers de prise en charge ou de soin, métiers en lien étroit avec la souffrance d'autrui. Enfin, certains refusent de se soumettre à ce destin familial mais ne réussissent pas à s'en échapper ; ils s'installeront alors dans une pathologie de type dépressif pouvant aller jusqu'à des troubles majeurs.

Face à ce type de consultant, le thérapeute doit questionner le passé proche ou lointain de la famille pour dégager la génération concernée par le traumatisme : celle des parents, des grands-parents ou même des arrière-grands-parents. La difficulté sera d'autant plus grande que les faits ont été occultés, tus ou tout simplement minimisés par souci de protection de l'entourage, par sentiment de honte ou parce que l'expérience est non-partageable, voire indicible.

La transmission des traumatismes

La gestion de l'oubli

Chaque famille se reconnaît et se construit autour de valeurs et de croyances communes, véritable mythe unificateur qui comporte des rites, des règles, des habitudes. Ce mythe se transmet de génération en génération en s'ajustant au fur et à mesure au temps qui passe, ne retenant que ce qui permet de maintenir et renforcer l'unité familiale et rejetant tout ce qui risquerait de la fragiliser ou de la mettre en péril. Il s'agit là d'une véritable gestion de l'oubli à travers les générations. Il arrive qu'après un traumatisme, ce mythe vole en éclat et laisse les membres de la famille dans une solitude douloureuse, en proie à une culpabilité envahissante qui deviendra le seul lien désormais possible. Au fil des générations, la culpabilité s'impose, qu'elle soit verbalisée ou non. Elle élimine alors toute trace de l'événement traumatique mais pas ses répercussions, qui seront dévastatrices pour chacun. Le futur n'existe plus, il a cédé la place à un passé devenu source de ravage.

Face à ce type de traumatisme, l'essentiel du travail thérapeutique consiste à réinscrire ce qui a été oublié au cours des époques, ce qui a été gommé par la famille afin de faciliter la levée de la culpabilité. Pour cela, le thérapeute déléguera le consultant auprès des membres clés de sa famille, de certains proches, de ceux qui « savent ». Le consultant appréhende souvent cette démarche car il craint de déstabiliser un ou plusieurs membres de la famille, ou même de fragiliser l'équilibre du système familial tout entier. Le thérapeute doit donc faire preuve d'un soutien compréhensif mais ferme, dans ce que l'on peut considérer comme une prescription thérapeutique. La plupart du temps, le consultant est surpris et soulagé par la facilité de la mise en mots des zones obscures, comme si « le ou les bavards » avaient attendu ce moment pour s'en libérer.

L'histoire dans l'Histoire

Le traumatisme, lorsqu'il est décrypté à la lumière d'un événement historique grave, prend une toute autre teinte. Il appartient alors au thérapeute de relier l'histoire familiale du consultant à cet épisode douloureux de l'Histoire pour qu'il se reconnaisse à travers une appartenance plus large tout en préservant sa singularité. Cette démarche lui permettra de se dégager enfin d'une solitude pesante et de la culpabilité incompréhensible qui l'avaient immobilisé jusqu'alors.

Le consultant témoigne quelquefois de sa difficulté à s'émouvoir, il se sent comme enfermé dans son corps, sans raison apparente, acculé, coupé de ses émotions, incapable de larmes, de révolte, de colère. Le thérapeute devra aider ce consultant à prendre du recul pour qu'il puisse reconnaître le caractère inacceptable de ce traumatisme, l'identifier et ne pas le minimiser.

Le pardon de la victime, loin des idées véhiculées, ne suffit pas pour retrouver une liberté et représente même souvent une entrave majeure. Pour le consultant, refuser le pardon, c'est s'autoriser à exprimer enfin de la colère, à se remémorer pour pouvoir oublier. Oublier, c'est disposer librement de ses souvenirs douloureux afin de se remettre en marche, en vie. Reconnaître et authentifier le traumatisme, qu'il soit physique ou psychologique, proche ou lointain, personnel ou familial, c'est permettre à la colère, passage obligé du travail thérapeutique et seul moyen pour le consultant d'exister et d'éviter qu'elle ne se retourne contre lui-même, de retourner à son origine. S'il n'exprime pas sa colère, le consultant risque de s'enfermer dans une attitude passive, dans un statut d'éternelle victime, victime de sa propre colère, incapable de l'exorciser et de la dépasser.

Chapitre 12

Les inscriptions dans le temps

Pour le néophyte, la psychogénéalogie consiste à rechercher et à relever des similitudes de dates dans l'histoire événementielle d'une famille et à considérer qu'il existe une sorte d'horloge invisible qui règle nos destinées de façon tout à fait arbitraire. Il arrive que le consultant ait remarqué lui-même ces étranges coïncidences de dates, d'âges et de périodes dans sa vie et dans celle de ses proches, et qu'il les redoute parfois de façon extrêmement violente et angoissante. Le thérapeute doit entendre ces craintes, analyser ces informations quelquefois fort troublantes et faire la part des choses entre ce qui relève du hasard et ce qui représente les indices d'un processus de répétition ou d'un syndrome d'anniversaire. Toutefois, il doit rester prudent face à ces dates-indices qui ne peuvent susciter que des hypothèses et des pistes de travail, celles-ci ne devant en aucun cas enfermer le consultant dans une fatalité qui serait réductrice. Il importe donc de différencier ces notions de date, d'âge et de période pour décrypter au mieux les peurs ou angoisses du consultant.

Les dates

Les dates, spontanément, délient les langues. Elles réveillent chez les uns et les autres des souvenirs enfouis et permettent d'évoquer des événements-clés de l'histoire familiale comme les naissances, les accidents, les maladies, les décès, etc. Un travail sur les dates du génogramme pourra par exemple être utile dans les cas où le consultant aura notifié un décès dans sa fratrie. Une problématique d'enfant de remplacement sera d'autant plus probable que les dates de conception ou de naissance du consultant seront en rapport avec celles de l'enfant décédé. Ainsi, un consultant qui souffre d'hyperactivité, comme obligé de vivre pour deux, découvrira sur son génogramme* que le mois de mai, mois de sa propre naissance, est également celui du décès de l'un de ses frères. Il appartiendra alors au thérapeute de le questionner sur les éventuelles injonctions de ses parents au cours de son enfance et de décoder avec lui leurs projections* inconscientes. Ensuite, ces injonctions et projections pourront à leur tour être comprises et mises en rapport avec un deuil, douloureux ou non, fait par les parents pour ce frère disparu.

Enfant de remplacement

Françoise, 32 ans, consulte pour évoquer son orientation professionnelle et ses choix de vie qui ne l'ont jamais satisfaite. Elle dit s'être toujours « sentie poussée à prendre telle ou telle direction, sans connaître aucune hésitation », et n'avoir jamais été convaincue, *a posteriori*, de la pertinence de ses choix. Son travail s'est rapidement orienté et focalisé sur son frère mort avant elle. Celui-ci, prénommé François, est décédé de la mort subite du nourrisson. Depuis son plus jeune âge, elle n'a volontairement posé aucune question à ses parents concernant ce décès, de crainte de réveiller leur chagrin, omniprésent dans leur couple. Elle acceptera pourtant de les interroger et sera soulagée de découvrir qu'aucun séisme n'a été provoqué par sa curiosité. Au contraire, ses parents ont eu plaisir d'évoquer enfin cet enfant et désormais François est volontiers raconté, aussi bien par le père que par la mère.

Françoise a ainsi appris que son frère est mort un 8 janvier 1987. Elle-même étant née un 5 octobre 1988, elle a été conçue en janvier 1988, un an après la mort de cet enfant, par des parents avides de redonner la vie. Pendant toutes ces années, Françoise a été mise à la place de son frère par ses parents. Mais elle a également collé silencieusement à ce rôle comme pour panser la blessure de ces derniers. De fait, ses choix se révèlent être ceux que ses parents auraient pu avoir pour un fils. Son travail l'amènera à redessiner une orientation extrêmement nouvelle de sa vie, tant sur un plan professionnel que personnel.

Enfant de remplacement

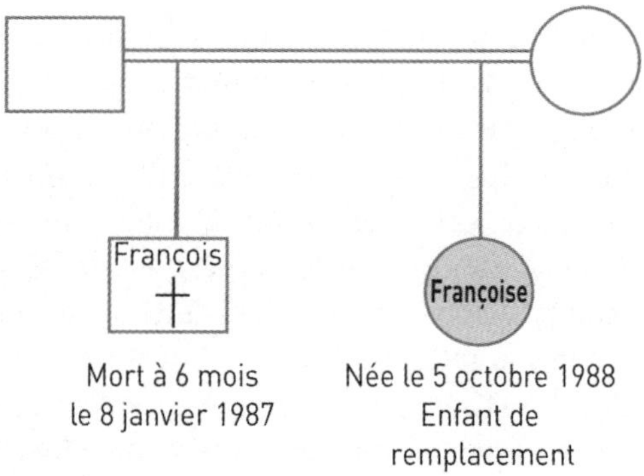

Les âges

Le sentiment de prédestination

Les dates peuvent aider à mettre à jour des projections, des attentes, et même dénoncer et désamorcer de véritables missions ; l'enfant peut en effet avoir été délégué par ses parents pour réparer une défaillance familiale. L'âge, lui, permet de relier des événements vécus au même âge par deux ou plusieurs membres d'une même famille. Ainsi, un consultant pourra déclarer : « Dans ma famille, 30 ans est un âge dangereux pour les hommes. Mon grand-père est mort à la guerre à 30 ans, mon père a eu un grave accident de voiture à 30 ans. Quant à moi, j'appréhende réellement le moment où je vais atteindre cet âge. » Dans un cas comme celui-ci où le consultant s'inquiète ou s'est convaincu qu'il n'échappera pas à cette série d'événements morbides, le travail d'accompagnement thérapeutique consistera à découvrir la signification symbolique : il peut être question de loyauté invisible, de revendication inconsciente.

La malédiction inconsciente

Il arrive aussi que le consultant n'ait jamais relevé de similitudes d'âges pour des événements douloureux et traumatiques. Une mise en évidence de ces similitudes par le thérapeute facilitera alors la prise de conscience d'un processus de répétition et permettra d'engager un travail pour désamorcer ces croyances néfastes. Ainsi, une femme consultera pour son angoisse grandissante au fur et à mesure que les années passent et que son second fils approche de l'âge adulte. Pourtant, tout se passe bien et aucune raison rationnelle ne vient justifier son appréhension. Seule une recherche à l'aide du génogramme familial amènera à constater les décès répétés des mères dans cette famille lorsque leur second enfant atteint l'âge de 25 ans. Un travail approfondi pourra alors s'engager pour endiguer cette angoisse et démystifier ce qui aurait pu, sans cela, être considéré ou même vécu comme une malédiction inconsciente. Le thérapeute explicitera le principe du syndrome d'anniversaire et les répercussions que celui-ci entraîne souvent. Il évoquera ce temps de fragilisation pouvant conduire à diverses formes de pathologie ou de comportements à risques, permettant ainsi de déjouer la « réalisation de la prédiction ».

Les périodes anniversaires

Comme les âges, la notion de période anniversaire sert à informer, mais sur un temps plus long, sur le risque de reproduction d'un événement à une période de l'année donnée. Un consultant pourra par exemple appréhender systématiquement avec une forte anxiété l'approche du mois de janvier : « Dans ma famille, le mois de janvier est un mauvais mois, un mois où l'on enterre... » Il arrive que le consultant n'ait aucune justification plausible quant à cette appréhension, toujours ravivée à la même période : il n'a connaissance d'aucun événement qui puisse être mis en rapport avec son anxiété, mais pourtant il s'angoisse, il somatise ou a des comportements incompréhensibles pour son entourage. Ainsi, un consultant peut connaître un fort mal-être tous les ans au printemps, période où sa famille a perdu plusieurs membres à la guerre. Il se peut que ces pertes aient été non-dites ou occultées tant elles étaient douloureuses, et pourtant tout se passe comme si le consultant les avait entendues, en avait perçu la souffrance malgré le lourd silence, comme s'il redoutait de nouvelles séparations.

Le thérapeute devra alors suggérer au consultant un lien de temporalité entre ces disparitions et ses malaises, et ce travail de repérage orientera les séances thérapeutiques de façon plus efficace.

Syndrome d'anniversaire et deuil bloqué

Mélanie, 30 ans, souffre de crises d'urticaire importantes chaque hiver. Les crises sont de plus en plus fortes et les traitements dermatologiques restent sans effets. Elle se plaint également d'être envahie par des idées noires au moment des fêtes de Noël et refuse, à cette époque de l'année, toute occasion de sorties car elle se sent très mal à l'aise. En dehors de ces périodes, Mélanie aime faire la fête et son urticaire disparaît spontanément à l'arrivée des beaux jours.

Sur les conseils de son médecin, Mélanie a entrepris un travail transgénérationnel qui lui a permis de juguler ses problèmes de peau. Elle a dû faire des recherches sur sa famille paternelle, le thérapeute ayant décelé des incohérences et des dysfonctionnements notoires dans la communication. C'est une grande-tante, la sœur de son père, qui lui révèle l'existence de sa « vraie » grand-mère paternelle, laquelle s'est suicidée quand son père avait 3 ans. Cette mort, qui a eu lieu un 25 décembre, n'a donné lieu à aucune explication et les circonstances de ce drame ont été totalement occultées pour épargner l'enfant. Le grand-père veuf s'est rapidement remarié, comme l'exigeait la tradition de l'époque, pour donner une nouvelle mère à l'enfant, mais il ne s'est jamais remis de son chagrin et cet événement est resté, pour lui, indicible à jamais. Quant au père de Mélanie, il a vécu avec le silence de son propre père sans jamais lui poser de questions, de peur de raviver sa tristesse. L'événement tragique est devenu innommable, ce qui explique que Mélanie n'en ait jamais entendu parler et qu'elle ait ignoré jusqu'à ce jour l'existence de cette femme. Mélanie peut alors comprendre cette vague de tristesse qui l'envahit chaque mois de décembre. Quant à ses manifestations psychosomatiques, elles étaient la traduction corporelle de cet événement et ont connu, depuis, une nette amélioration.

Syndrome d’anniversaire et deuil bloqué

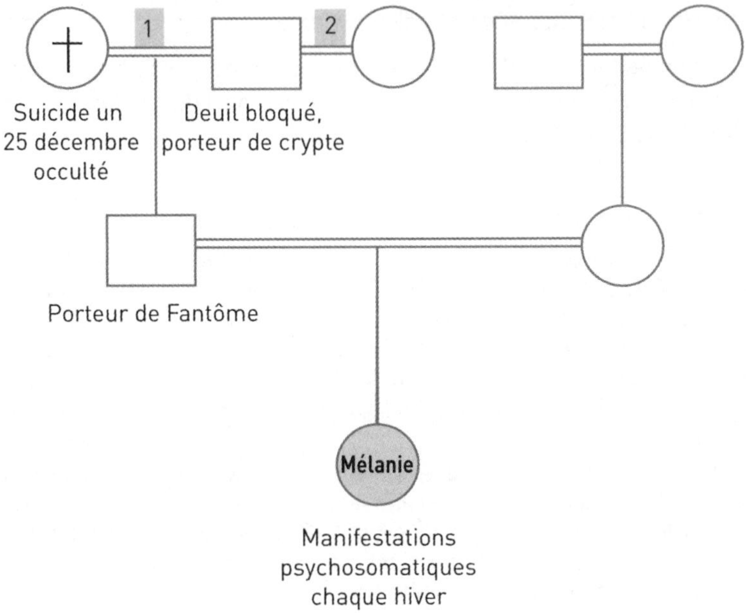

Conclusion

Sur le plan théorique, la psychogénéalogie engage une confrontation entre diverses approches : la psychologie*, la psychanalyse*, la systémie* et la sociologie*. Elle tire parti des complémentarités de ces différents courants ainsi que de leurs inévitables contradictions, et ouvre sur des hypothèses novatrices. Ces hypothèses permettent à leur tour l'élaboration d'une démarche thérapeutique novatrice qui se montre pertinente tant sur des problématiques classiques que sur des problématiques difficiles, là où un travail centré exclusivement sur l'histoire personnelle du sujet ne pourrait soulager ni son mal-être ni ses symptômes. Lors de problématiques classiques, faisant plutôt appel à des thérapies de soutien ou de confort, le gain résidera dans la brièveté de la démarche. Face à des problématiques plus complexes, résistantes, la prise en compte du contexte familial, à travers les générations, ainsi que du contexte social, culturel et historique, s'avèrera plus fructueuse et plus efficace et empêchera la symptomatologie* de se murer dans une impasse. Il arrive en effet que les symptômes ou les souffrances travaillés avec le thérapeute ne répondent pas à une explication immédiate, dans l'histoire proche du sujet, mais renvoient à une histoire plus lointaine, dans les générations antérieures, en écho avec des souffrances non résolues. Grâce à cette approche générationnelle*, la répétition peut être entendue comme la mise en paroles ou en actes, inconsciente ou non, de souffrances ou de traumatismes non dépassés, non résolus, d'un ou de plusieurs membres de la famille à une génération plus ou moins éloignée. Tout se passe comme si le consultant s'obligeait à revivre des événements similaires dans le fol espoir d'y apporter une solution que ses parents ou ancêtres n'ont su élaborer eux-mêmes. Ce type d'approche thérapeutique offre donc des perspectives réelles quant à la lecture d'actes incompréhensibles ou de discours énigmatiques, voire délirants, qui deviennent intelligibles dès lors qu'ils sont placés dans leur contexte transgénérationnel.

Avec cette nouvelle approche, le thérapeute ne peut rester dans la position classique neutre et bienveillante. Il doit s'allier avec son consultant, valider ses perceptions, ses paroles, prendre parti, conseiller parfois, prescrire des actes symboliques si nécessaire. Le travail engagé dans cette alliance vise un objectif établi entre le thérapeute et son consultant, sorte de contrat tacite qui autorise l'intervention active du thérapeute. Celui-ci pointe les problèmes, propose des hypothèses, recadre et reformule le discours du consultant toutes les fois où cela s'avère utile.

L'autre particularité de l'approche générationnelle est qu'elle facilite et autorise, chez le consultant, un discours riche et fluide sur les autres. Ce n'est que dans un second temps, après avoir pris du recul par rapport à son histoire familiale et compris les décisions et les actes de chacun, que ce discours sur les autres renverra le consultant à lui-même, car il s'apercevra inévitablement que parler des autres, c'est parler de lui. Un véritable « jeu » s'instaure alors entre le parler « sur sa famille » et le parler « sur soi-même », dans un va-et-vient souple qui crée un espace où le « je » du consultant est enfin en mesure de se dégager. C'est à travers la reconnaissance de l'autre que le consultant prend finalement conscience de sa différence. Cette lecture autorise une acceptation, et non un pardon, de ce qui s'est joué, de ce qui a été, véritable deuil symbolique du passé qui permet au consultant d'être autonome, maître de son présent et du « à-venir ».

Glossaire

Analyse transgénérationnelle : travail thérapeutique qui prend en compte l'histoire familiale du patient sur plusieurs générations. L'analyse transgénérationnelle, dans le langage courant, est nommée « psychogénéalogie ».

Approche systémique ou systémie : courant théorique qui considère l'individu comme appartenant à un groupe, ou système, régi par des règles d'équilibre. Ce courant se réfère à l'école américaine de Palo Alto.

Clivage : division d'une partie ou de la totalité de la personnalité donnant lieu à la co-existence de deux parties séparées qui s'ignorent l'une l'autre.

Complexe d'Œdipe : ensemble de sentiments amoureux et hostiles éprouvés par l'enfant à l'égard de ses parents ou à l'égard de figures parentales de substitution. Le complexe d'Œdipe est une étape fondamentale dans la construction de la personnalité d'un individu.

Générationnel : le générationnel recouvre le courant des sciences humaines qui prend en compte l'histoire d'un individu ou d'un groupe d'individus à travers plusieurs générations. Ce qualificatif est fréquemment utilisé à la place de « transgénérationnel », par souci de simplification.

Génogramme ou génosociogramme : outil graphique dynamique qui représente la famille sur plusieurs générations et qui aide à la mise à jour des phénomènes transgénérationnels.

Intergénérationnel : se réfère à la transmission intergénérationnelle qui concerne ce qui se transmet consciemment entre les diverses générations d'une même famille.

Introjection : terme psychanalytique, opposé à celui de projection, qui désigne l'assimilation d'expériences nécessaires à la construction de la personnalité.

Névrose : troubles de la personnalité qui ne faussent pas la perception de la réalité. Les symptômes, reconnus par le patient, sont « compréhensibles » au regard de son histoire individuelle et familiale, ainsi que des événements historiques éventuels.

Projection : terme psychanalytique, opposé à celui d'introjection, qui désigne le fait d'attribuer à d'autres personnes des sentiments méconnus ou refusés.

Psychanalyse : courant initié par S. Freud qui propose un modèle théorique de l'appareil psychique. La psychanalyse a mis en évidence l'importance fondamentale de l'inconscient.

Psychiatrie : science médicale des maladies mentales.

Psychologie : science humaine qui vise à la compréhension de la personnalité et des comportements.

Psychologie sociale ou psychosociologie : science humaine qui vise à la compréhension des groupes.

Psychose : troubles de la personnalité qui affectent la perception de la réalité. Le caractère pathologique des symptômes n'est pas reconnu par le patient.

Symptomatologie : ensemble de symptômes.

Symptôme : signe perceptible ou observable qui renvoie à un trouble pathologique.

Sociologie clinique : courant de la sociologie qui appréhende les phénomènes sociaux à travers les témoignages individuels.

Thérapie contextuelle : approche thérapeutique créée par Ivan Boszormenyi-Nagy et qui prend en compte les générations.

Thérapie familiale ou clinique familiale : approche thérapeutique où le patient est reçu avec certains ou tous les membres de sa famille.

Transgénérationnel : se réfère à la transmission transgénérationnelle qui concerne ce qui se transmet inconsciemment entre les diverses générations d'une même famille.

Thérapie psychanalytique ou thérapie analytique ou analyse : approche thérapeutique individuelle caractérisée par la méthode des associations libres.

Bibliographie

ABRAHAM N. et TOROK M., *L'écorce et le noyau*, Flammarion, 2002.

ALBERNHE K. et T., *Les thérapies familiales systémiques*, Masson, 2004.

ALTOUNIAN J., *La survivance, traduire le trauma collectif*, Dunod, 2000.

ANCELIN SCHÜTZENBERGER A., *Aïe mes aïeux*, Desclée de Brouwer, 2001.

ANDOLFI M., « Famille-individu : un modèle trigénérationnel », dans *Panorama des thérapies familiales*, Elkaïm M., Le Seuil, 2003.

ANGEL P. et MAZET P., *Guérir les souffrances familiales*, PUF, 2004.

BALMARY M., *L'homme aux statues*, Grasset, 2003.

BOURGUIGNON O., *Le fraternel*, Dunod, 1999.

BOSZORMENYI-NAGY L., « La thérapie contextuelle de Ducommun-Nagy », dans *Panorama des thérapies familiales*, Elkaïm M., Le Seuil, 2003.

BOWEN M., *La différenciation du soi, les triangles et les systèmes émotifs familiaux*, ESF, 1984.

BYDLOWSKI M., *Je rêve un enfant*, Odile Jacob, 2000.

CAILLÉ P., *Un et un font trois*, ESF, 1991.

CANAULT N., *Comment paye-t-on les fautes de ses ancêtres ?*, Desclée de Brouwer, 2003.

CAVELL S., « À la recherche du bonheur, Hollywood et la comédie du remariage », *Cahiers du Cinéma* 1993.

CHASSEGUET-SMIRGEL J., *La maladie de l'idéalité. Essai psychanalytique sur l'idéal du moi*, L'Harmattan, 1990.

CICCONE A., *La transmission psychique inconsciente*, Dunod, 2001.
DELAISI DE PARSEVAL G., *L'enfant prothèse*, Le Cerf, 1990.
DOLTO F., *La cause des enfants*, Robert Laffont, 1985.
DUMAS D., *L'ange et le fantôme*, Éditions de Minuit, 1985.
DURKHEIM E., *L'évolution pédagogique en France*, Alcan, 1938.
EIGUER A., *La parenté fantasmatique*, Bordas, 1987.
EIGUER A., *Le générationnel. Approche en thérapie familiale psychanalytique*, Dunod, 1997.
ELKAÏM M., *Panorama des thérapies familiales*, Le Seuil, 2003.
EPSTEIN H., *Le traumatisme en héritage*, La Cause des Livres, 2005.
FERENCZI S., *Œuvres complètes IV*, Payot, 1982.
FREUD S., *Essais de psychanalyse*, Payot, 1921.
FREUD S., *Moïse et le monothéisme*, Gallimard, 1948.
GAULEJAC V. de, *La névrose de classe*, Hommes et Groupes Éditeurs, 2003.
HACHET P., *Cryptes et fantômes en psychanalyse*, L'Harmattan, 2000.
GRUYER F., *La violence impensable*, Nathan, 2004.
GRUYER F., *Blessures de famille, des thérapies actives pour guérir*, Retz, 2005.
HALEY J., *Strategies of Psychotherapy*, Grune et Stratton, 1963.
HERITIER F., *Masculin-féminin, la pensée de la différence*, Odile Jacob, 1996.
HILGARD J. R., "The anniversary syndrome as related to late appearing mental illnesses in hospitalized patients", in *Psychoanalysis and Psychosis*, University Press, 1989.
HIRSCH S., *La famille, répertoire émotionnel spécifique*, Génitif, 1981.
JUNG C. G., *Essai d'exploration de l'inconscient*, Gallimard, 1988.
KAËS R., *Transmission de la vie psychique entre générations*, Dunod, 1993.
LACAN J., *Les complexes familiaux dans la formation de l'individu*, Le Seuil, 2001.
LAPLANCHE J. et PONTALIS J.-B., *Vocabulaire de la psychanalyse*, PUF, 1978.
LEMAIRE J.-G., *Les conflits conjugaux*, ESF, 1966.
LEMAIRE J.-G., *Le couple, sa vie, sa mort*, Payot, 1979.
LEMAIRE J.-G., *Famille, amour, folie*, Centurion, 1989.

MICHARD P., *La thérapie contextuelle de Boszormenyi-Nagy*, De Boeck, 2005.

MIERMONT J., *Dictionnaire des thérapies familiales*, Payot, 2001.

MINUCHIN S., *Familles en thérapies*, Éditions Universitaires, 1983.

MORENO J. L., *Psychothérapie de groupe et psychodrame. Introduction théorique et clinique à la socio-analyse*, PUF, 1987.

NACHIN C., *Les fantômes de l'âme*, L'Harmattan, 2004.

NEUBURGER R., *Le mythe familial*, ESF, 2003.

NEUBURGER R., *Les rituels familiaux*, Payot, 2003.

NEUBURGER R., *Les familles qui ont la tête à l'envers*, Odile Jacob, 2005.

OLIVIER C., *Les enfants de Jocaste*, Denoël, 2003.

PRATA G., *Il bambino che seguiva la barca*, La Nuova Italia Scientifica, 1992.

PRIEUR B., *Les héritages familiaux*, ESF, 1999.

PRIEUR N., *Nous nous sommes tant trahis. Amour, famille et trahison*, Denoël, 2004.

RAND N., *Le cryptage et la vie des œuvres*, Aubier, 1989.

RAND N. et TOROK M., *Les cryptes de la psychanalyse. Emprise et liberté*, L'Harmattan, 1990.

ROSENTHAL R. et JACOBSON L., *Pygmalion à l'école*, Casterman, 1971.

ROUCHY J.-C., *Un passé sous silence*, Denoël, 1978.

SIGG B., *Le silence et la honte*, Messidor, 1989.

STIERLIN H., *Delegation und familie*, Suhrkamp, 1978.

TANET C. et HORDÉ T., *Dictionnaire des prénoms*, Larousse, 2000.

THERY I., *Dialogue* n° 150, Eres, 2000.

TISSERON S., *La honte, psychanalyse d'un lien social*, Dunod, 1992.

TISSERON S., HACHET P., NACHIN C., RAND N., ROUCHY J.-C., TOROK M., *Le psychisme à l'épreuve des générations, clinique du fantôme*, Dunod, 1995.

TISSERON S., *Secrets de famille, mode d'emploi*, Marabout, 2003.

VOGELWEITH G., *Psychothéâtre de Strindberg*, Klincksieck, 1972.

WILLI J., *La relation de couple. Le concept de collusion*, Delachaux et Niestlé, 1982.

ZADJE N., *Enfants de survivants*, Odile Jacob, 1993.

Index

Table des matières

PEFC/10-31-1316

Imprimé en France. - JOUVE, 1, rue du Docteur Sauvé, 53100 MAYENNE
N° 908261D. - Dépôt légal : juin 2012